Clemens Gull
WordPress-Tricks und -Tweaks

Clemens Gull

WordPress-Tricks und -Tweaks

Mit 104 Abbildungen

Bibliografische Information der Deutschen Bibliothek

Die Deutsche Bibliothek verzeichnet diese Publikation in der Deutschen Nationalbibliografie; detaillierte Daten sind im Internet über http://dnb.ddb.de abrufbar.

Alle Angaben in diesem Buch wurden vom Autor mit größter Sorgfalt erarbeitet bzw. zusammengestellt und unter Einschaltung wirksamer Kontrollmaßnahmen reproduziert. Trotzdem sind Fehler nicht ganz auszuschließen. Der Verlag und der Autor sehen sich deshalb gezwungen, darauf hinzuweisen, dass sie weder eine Garantie noch die juristische Verantwortung oder irgendeine Haftung für Folgen, die auf fehlerhafte Angaben zurückgehen, übernehmen können. Für die Mitteilung etwaiger Fehler sind Verlag und Autor jederzeit dankbar. Internetadressen oder Versionsnummern stellen den bei Redaktionsschluss verfügbaren Informationsstand dar. Verlag und Autor übernehmen keinerlei Verantwortung oder Haftung für Veränderungen, die sich aus nicht von ihnen zu vertretenden Umständen ergeben. Evtl. beigefügte oder zum Download angebotene Dateien und Informationen dienen ausschließlich der nicht gewerblichen Nutzung. Eine gewerbliche Nutzung ist nur mit Zustimmung des Lizenzinhabers möglich.

© 2011 Franzis Verlag GmbH, 85586 Poing

Alle Rechte vorbehalten, auch die der fotomechanischen Wiedergabe und der Speicherung in elektronischen Medien. Das Erstellen und Verbreiten von Kopien auf Papier, auf Datenträgern oder im Internet, insbesondere als PDF, ist nur mit ausdrücklicher Genehmigung des Verlags gestattet und wird widrigenfalls strafrechtlich verfolgt.

Die meisten Produktbezeichnungen von Hard- und Software sowie Firmennamen und Firmenlogos, die in diesem Werk genannt werden, sind in der Regel gleichzeitig auch eingetragene Warenzeichen und sollten als solche betrachtet werden. Der Verlag folgt bei den Produktbezeichnungen im Wesentlichen den Schreibweisen der Hersteller.

Herausgeber: Franz Graser
Satz: DTP-Satz A. Kugge, München
art & design: www.ideehoch2.de
Druck: Bercker, 47623 Kevelaer
Printed in Germany

ISBN 978-3-645-60076-7

Vorwort

Worum geht es in diesem Buch?

Dieses Buch ist kein klassisches Lehrbuch, wie wir es dutzendfach kennen. Aber es ist auch keine Referenz oder ein Kompendium zu WordPress. Es ist eine Sammlung von Tweaks[1] oder Hacks zu WordPress.

Diese Sammlung ist über Monate und Jahre in der praktischen Arbeit mit WordPress in den verschiedensten Einsatzgebieten entstanden. Wahrscheinlich sind die meisten Tipps, Tricks, Tweaks und Änderungen auch irgendwo in den Weiten des World Wide Webs zu finden. Aber einerseits ist es sicherlich sehr mühsam, sie für den einen oder anderen Zweck extra zu suchen. Andererseits ist es sehr praktisch, wenn diese Tweaks getestet, auch mit einer zusätzlichen Erklärung versehen und noch um zusätzliche Funktionen erweitert wurden.

Jeder einzelne Tweak ist in sich abgeschlossen und kann in der passenden WordPress-Installation eingesetzt werden. Natürlich sind die einzelnen Tweaks für sich getestet worden, aber trotzdem kann jeder Tweak in einer bestimmten Situation anders reagieren. Denn jedes Blog auf WordPress-Basis hat unterschiedliche Plug-Ins installiert. Leider ist es nicht möglich, alle Plug-In-Kombinationen mit den verschiedenen WordPress-Versionen und den Tweaks zu testen. Daher ist es sinnvoll, die Tweaks nicht sofort in einer Produktivumgebung – also in einem echten Blog, der live im Internet steht – einzusetzen. Besser ist es, sie vorher in einem Testblog auszuprobieren.

Falls Sie hier eine Aufzählung aller Möglichkeiten, Tags und Befehle mit allen Eigenschaften von WordPress erwarten, muss ich Sie leider enttäuschen. Ich schreibe hier über die Kleinigkeiten, die bei der Arbeit mit WordPress unangenehm sind und – zum Teil mit überraschend geringem Aufwand – verbessert werden könnten.

In diesem Buch erwarten Sie drei Hauptkapitel. Ich habe mir lange überlegt, wie man die Tweaks zusammenfassen kann. Die beste Lösung war für mich, das Augenmerk auf den Schwierigkeitsgrad zu legen.

In den *einfachen Tweaks* sind kurze Programme oder einzeilige Einträge zusammengefasst. Diese Änderungen sind mit wenig Grundwissen schnell und einfach anwendbar.

---

[1] Ein Tweak verbessert ein komplexes System. Tweaks sind all die kleinen Änderungen, die ein System verbessern, komfortabler oder fehlerärmer machen.

Im Kapitel *Aufwendige Tweaks* sind Tipps und Tricks gesammelt, die bereits grundlegende Programmierkenntnisse voraussetzen. Sie sollten sich beim Einsatz dieser Tweaks ein wenig mit dem System von WordPress auskennen.

Das letzte Kapitel, *Komplexe Tweaks*, setzt bereits gefestigte Kenntnisse in PHP und/oder WordPress voraus. Natürlich können Sie diese Hacks auch als Nicht-Programmierer verwenden, wenn Sie die Anweisungen buchstabengetreu umsetzen. Aber mit dem notwendigen Wissen fällt es einfach leichter.

In den letzten beiden Abschnitten finden Sie einerseits ein *Glossar*, das verschiedene Fachbegriffe nochmals erklärt. Im *Index* sind natürlich die wichtigsten Begriffe zusammengefasst, aber Sie finden dort auch die einzelnen Tweaks schnell und einfach in alphabetischer Reihenfolge.

Was wird für dieses Buch benötigt?

Um die Tweaks anwenden zu können, setze ich eine funktionierende Installation von WordPress voraus. Ob es sich um ein System im Internet oder eine lokale Installation handelt, ist prinzipiell gleichgültig. Wichtig ist nur, dass Sie die einzelnen Dateien des aktiven Themas kennen und sie auch verändern können.

Welche Entwicklungsumgebung Sie verwenden, ist für die Verwendung dieses Buchs gleichgültig. Ich selbst bevorzuge Eclipse[2] mit einem Plug-In für die Arbeit mit PHP. Falls Sie eine lokale Installation von WordPress erstellen wollen, empfehle ich das Buch *PHP für WordPress*[3]. Dort finden Sie auch einen guten und einfachen Einstieg in die Anpassung von WordPress-Themen und die Anwendung von PHP mit der Blog-Software.

Gute Voraussetzungen

Wo es für die Anwendung des Tweaks notwendig ist, werde ich natürlich ein wenig auf die Hintergründe von WordPress (die Tags, Befehle, Datenbanktabellen oder -felder, usw.) eingehen. Selbstverständlich werde ich auch, falls es notwendig ist, Elemente von HTML, Eigenschaften von CSS oder auch JavaScript-Befehle erklären.

Grundsätzlich sollten Sie HTML, CSS und JavaScript bereits sicher beherrschen. Wenn Sie sich in CSS noch nicht gut auskennen, ist *Webseiten-Layout mit CSS*[4] ein guter Einstieg. Für den Anfang in HTML, aber auch als Nachschlagewerk kann ich außerdem

---

[2] Im Internet *http://www.eclipse.org/downloads/packages/release/helios/sr1* unter der freien Lizenz Eclipse Public License verfügbar.

[3] *PHP für WordPress*, Franzis Verlag, ISBN: 978-3-645-60011-8

[4] *Webseiten-Layout mit CSS*, Franzis Verlag, ISBN: 978-3-7723-7568-2

das *HTML5-Handbuch*[5] empfehlen. Außerdem schadet es nicht, wenn Sie bereits programmieren können. Hier wären Kenntnisse der Programmiersprache PHP sehr vorteilhaft. Falls Sie sich hier noch nicht so sicher sind, lassen sich einige Tweaks sicher schwer nachvollziehen. Für die Arbeit mit PHP und WordPress können Sie das oben empfohlene Buch *PHP für WordPress* durcharbeiten. Falls Sie noch etwas tiefer in die PHP-Programmierung einsteigen wollen, ist auch *Das Franzis-Lernpaket PHP/MySQL*[6] empfehlenswert.

Vorteilhaft, aber nicht notwendig ist das verwendete Template für WordPress. Ich habe mich für das Template »prettyNew« entschieden, das im Buch *PHP für WordPress* detailliert beschrieben wird. Natürlich können Sie alle darin beschriebenen CSS-Formatierungen und dargestellten HTML-Elemente auf Ihr persönliches WordPress-Thema anpassen.

Herunterladen des Beispielcodes zum Buch

Besuchen Sie unsere Website unter *http://www.buch.cd* und geben Sie dort die letzten sechs Ziffern der ISBN dieses Buches samt Bindestrich ein, um alle Beispielcodes und sonstigen Ressourcen zu diesem Buch herunterzuladen. Die verfügbaren Dateien werden nach der erfolgreichen Anmeldung angezeigt.

Berichtigungen

Obwohl alle Beteiligten mit größter Sorgfalt vorgehen, um die Richtigkeit der Inhalte sicherzustellen, passieren Fehler. Wenn Sie einen Fehler in diesem Buch entdecken, egal ob im Text oder im Quellcode, bin ich sehr dankbar, wenn ich eine Mitteilung erhalte. So können Sie anderen Lesern Ärger ersparen und mithelfen, die nachfolgende Version des Buches zu verbessern. Wenn Sie irgendeinen Druckfehler finden, teilen Sie ihn mir bitte per eMail an *buch@guru-20.info* mit. Ich werde alle Berichtigungen, Änderungen und Verbesserungen auf meinem Blog *http://www.guru-20.info* veröffentlichen.

Danke!

Herrn Franz Graser, meinem Lektor und Betreuer beim Franzis Verlag: Danke für die kompetente Betreuung bei der Umsetzung der Bücher, die Korrekturen und die Möglichkeit, als Autor zu arbeiten.

---

[5] *HTML 5 Handbuch*, Franzis Verlag, ISBN: 978-3-645-60079-8
[6] *Das Franzis-Lernpaket PHP/MySQL*, Franzis Verlag, ISBN: 978-3-645-70047-4

Dank auch an das komplette Team des Franzis Verlags. Ohne die vielen im Hintergrund arbeitenden helfenden Hände wäre die Erscheinung dieses Buches nicht gelungen.

Feedback

Ich würde mich über Reaktionen und Anregungen sehr freuen. Sie erreichen mich unter folgender Adresse: *gull@guru-20.info*

Ihr

Clemens Gull

Widmung

Für Raphaël
Ein (un)heimlicher IT-Berater

Inhaltsverzeichnis

1	**Tweaks**	**17**
1.1	Der Aufbau der Tweaks	17
1.1.1	Änderungen an der Konfigurationsdatei	17
1.1.2	Änderungen an den Stilen des WordPress-Themas	18
1.1.3	Änderungen an den Funktionen von WordPress	19
1.1.4	Änderungen an den Dateien des Themes	21
1.1.5	Für alle Tweaks	21
1.2	Konventionen	22
1.3	Diese Fehler können leicht auftreten	23
1.3.1	Fehlerhafte Header-Information	23
1.3.2	Fehlende Funktion	23
1.3.3	Syntaxfehler	24
1.3.4	Vergessene Klammern	25
1.3.5	Vergessene Punkte	25
2	**Einfache Tweaks**	**27**
2.1	Hilfen für die Konfiguration von WordPress	27
2.1.1	Tweak #1: Einen Blog mit denselben Inhalten unter verschiedenen Domänennamen verwenden	27
2.1.2	Tweak #2: Verwaiste Widgets entfernen bzw. reaktivieren	28
2.1.3	Tweak #3: Die Datenbank von WordPress automatisch reparieren	29
2.1.4	Tweak #4: Die Fehlermeldung über zu wenig Speicher beheben	32
2.1.5	Tweak #5: Die Zugriffsberechtigungen im Dateisystem anpassen	33
2.2	Meta-Informationen anpassen und verändern	34
2.2.1	Tweak #6: Den Eintrag für den Generator im Kopf der Webseite unterdrücken	34
2.2.2	Tweak #7: Den Eintrag für das Really Simple Directory im Kopf der Webseite unterdrücken	35
2.2.3	Tweak #8: Den Eintrag für das Windows Live Writer Manifest im Kopf der Webseite unterdrücken	36

2.2.4	Tweak #9: Den Eintrag für das Element link mit dem Attribut rel='index' im Kopf der Webseite unterdrücken	38
2.2.5	Tweak #10: Alle Einträge, die auf Feeds verweisen, im Kopf der Webseite unterdrücken	39
2.3	Formate anpassen oder erstellen	40
2.3.1	Tweak #11: Den Browser des Benutzers erkennen und eine passende CSS-Klasse im body-Tag einfügen	40
2.3.2	Tweak #12: Die CSS-Datei je nach Jahreszeit automatisch ändern	42
2.3.3	Tweak #13: Eine besondere Formatierung für Artikel einer bestimmten Kategorie erstellen	44
2.3.4	Tweak #14: Einen einzelnen Post hervorheben	45
2.3.5	Tweak #15: Die Länge des Auszugs eines Artikels (die Kurzversion) verändern	46
2.3.6	Tweak #16: Die Auslassungszeichen beim Auszug eines Posts verändern	47
2.3.7	Tweak #17: Den Text des more-Tags manuell verändern	48
2.3.8	Tweak #18: Den Text des more-Tags für den gesamten Blog anpassen	50
2.3.9	Tweak #19: Entfernen der automatischen Hyperlinks in Kommentaren	52
2.3.10	Tweak #20: Die in WordPress eingebaute Galerie aktivieren	53
2.4	Zusätzliche Informationen für den Blog	54
2.4.1	Tweak #21: Bestimmte Informationen nur auf der Startseite anzeigen	54
2.4.2	Tweak #22: Das letzte Änderungsdatum bei einem Post anzeigen	55
2.4.3	Tweak #23: Die Beschreibung einer Kategorie im Front-End anzeigen	57
2.4.4	Tweak #24: Einen RSS-Feed für eine Kategorie erstellen	60
2.4.5	Tweak #25: Einen RSS-Feed für die Kommentare eines Artikels erstellen	60
2.4.6	Tweak #26: Die Anzahl der gefundenen Artikel in der Suchergebnisseite anzeigen	61
2.4.7	Tweak #27: Anzahl der Kommentare und die durchschnittliche Anzahl der Kommentare pro Post in der Seitenleiste anzeigen	63
2.4.8	Tweak #28: Die erlaubten Elemente für einen Kommentar anzeigen	65
2.4.9	Tweak #29: Die Anzahl der Abonnenten des Feedburner-Feeds anzeigen	66

2.4.10	Tweak #30: Eine Anzeige bzw. einen Hinweis im RSS-Feed einfügen	68
2.4.11	Tweak #31: Eine Kopf- bzw. Fußzeile bei einem Post einfügen	69
2.4.12	Tweak #32: Benutzerdefinierte Felder in einem Post ausgeben	72
2.4.13	Tweak #33: Die Information über die Anzahl der Abfragen und die Dauer für angemeldete Administratoren anzeigen	75
2.5	ShortCodes verwenden	77
2.5.1	Tweak #34: Einen ShortCode für häufig verwendete Begriffe einsetzen	77
2.5.2	Tweak #35: Einen ShortCode für eine beliebige URL verwenden	78
2.5.3	Tweak #36: Einen ShortCode für eine PayPal-Spende erstellen	81
2.6	Soziale Netzwerke und externe Daten verwenden	83
2.6.1	Tweak #37: Einen Artikel per eMail versenden	83
2.6.2	Tweak #38: Einen Post auf FaceBook teilen	85
2.6.3	Tweak #39: Einen Post bei Technorati speichern	89
2.6.4	Tweak #40: Einen Post beim Bookmarking-Service Delicious speichern	90
2.6.5	Tweak #41: Einen Post bei Digg speichern	91
2.6.6	Tweak #42: Einen Post bei StumbleUpon speichern	92
2.6.7	Tweak #43: Einen Post bei Google Bookmarks speichern	93
2.6.8	Tweak #44: Einen Post bei Mister Wong speichern	95
2.6.9	Tweak #45: Einen Post auf Twitter teilen	96
2.6.10	Tweak #46: Einen Knopf für einen Retweet bei TweetMeme anzeigen	98
2.6.11	Tweak #47: Einen Besucher von Twitter besonders begrüßen	101
2.7	Zusätzliche Funktionen ohne Plug-Ins	102
2.7.1	Tweak #48: Einen Link für die automatische Übersetzung durch GoogleTranslate erzeugen	102
2.7.2	Tweak #49: Artikel nur für einen bestimmten Zeitraum anzeigen	103
2.7.3	Tweak #50: Artikel einer bestimmten Kategorie von der Anzeige auf der Startseite ausschließen	106
2.7.4	Tweak #51: Die Ausgabe des Artikels über ein benutzerdefiniertes Feld steuern	107
2.7.5	Tweak #52: Artikel mit bestimmten Kriterien von der Anzeige auf der Startseite ausschließen	109
2.7.6	Tweak #53: Bestimmte Kategorien von der Liste der Kategorien in der Seitenleiste ausschließen	111
2.7.7	Tweak #54: Für jede Kategorie eine bestimmte Anzahl von Artikeln pro Seite anzeigen	113

2.7.8	Tweak #55: Den Code für Google-Analytics automatisch einbauen	114
2.7.9	Tweak #56: Die Sortierung der Kommentare ändern	115
2.7.10	Tweak #57: Alle Widgets auf der Seitenleiste deaktivieren	116
2.8	Die Sicherheit von WordPress verbessern	118
2.8.1	Tweak #58: Durch das Unterdrücken der Fehlermeldung beim Anmelden für mehr Sicherheit sorgen	118
2.8.2	Tweak #59: Die CSS-Klassen für den Administrator in den Kommentaren entfernen	119
2.8.3	Tweak #60: Überprüfen, ob das Kommentarformular direkt aufgerufen wurde	121
2.8.4	Tweak #61: Den Zugriff auf das Back-End mit SSL absichern	122
2.9	Das Back-End anpassen oder WordPress erweitern	123
2.9.1	Tweak #62: Den Papierkorb im Back-End deaktivieren	123
2.9.2	Tweak #63: Den Papierkorb im Back-End automatisch leeren	124
2.9.3	Tweak #64: Automatisches Speichern von Posts abschalten	125
2.9.4	Tweak #65: Automatisches Speichern von Posts abschalten, aber die Performance weniger stark beeinflussen	126
2.9.5	Tweak #66: Die Anzahl der Revisionen und die Zeit für die automatische Speicherung beeinflussen	127
2.9.6	Tweak #67: Das Benutzerprofil um zusätzliche Felder erweitern	128
2.9.7	Tweak #68: Nicht bekannte Dateitypen in die Mediathek einfügen	132
2.9.8	Tweak #69: Die Symbole für neue Dateitypen anpassen	133
2.9.9	Tweak #70: Automatisch einen Text im Editor einfügen, sobald ein neuer Post erstellt wird	135
2.9.10	Tweak #71: Die Upgrade-Meldung im Back-End entfernen	136
2.9.11	Tweak #72: Eine eigene Fußzeile im Back-End erzeugen	138
2.9.12	Tweak #73: Das Logo des Anmeldefensters für das Back-End austauschen	139
2.9.13	Tweak #74: Das Logo im Back-End austauschen	141
2.9.14	Tweak #75: Überprüfen, ob ein bestimmtes Plug-In aktiv ist	142
2.9.15	Tweak #76: Einen Link im Back-End einfügen, um die Blog-Optionen direkt zu ändern	143

3 Aufwendige Tweaks **145**
    3.1   Formate anpassen oder erstellen 145
        3.1.1   Tweak #77: Den Artikeltitel für schmale Templates automatisiert kürzen 145
        3.1.2   Tweak #78: Ein Vorschaubild für den Artikel verwenden 148

3.1.3	Tweak #79: Autoreninformation bei einem Artikel anzeigen	151
3.1.4	Tweak #80: Den Kommentar des Autors hervorheben	154
3.2	ShortCodes verwenden	156
3.2.1	Tweak #81: Einen ShortCode wie in Tweak #35 benutzen, aber eine gekürzte URL verwenden	156
3.2.2	Tweak #82: Ein Inserat in einen Post mit ShortCode einfügen	159
3.2.3	Tweak #83: GoogleMaps als ShortCode einfügen	162
3.2.4	Tweak #84: Mit einem ShortCode den Inhalt eines Posts ausblenden, damit nur registrierte Benutzer ihn sehen können	163
3.3	Zusätzliche Informationen für den Blog	165
3.3.1	Tweak #85: Einen ShortCode verwenden, um Teile des Artikels nicht automatisch zu formatieren	165
3.3.2	Tweak #86: Eine Fußzeile mit aktuellem Urheberrechtshinweis erzeugen	168
3.3.3	Tweak #87: Im Text des more-Tags den Titel des Artikels anzeigen	171
3.3.4	Tweak #88: Die Kategorien eines Artikels als Bild anzeigen	173
3.3.5	Tweak #89: Die übergeordneten Seiten als Navigationsstruktur in der Seitenansicht darstellen	176
3.3.6	Tweak #90: Alle Posts von vor genau einem Jahr in der Seitenleiste darstellen	178
3.3.7	Tweak #91: Die Posts mit den meisten Kommentaren in der Seitenleiste anzeigen	181
3.3.8	Tweak #92: Die Anzahl der Kommentare je Benutzer in der Seitenleiste anzeigen	183
3.3.9	Tweak #93: Unterkategorien einer ausgewählten Kategorie anzeigen	186
3.3.10	Tweak #94: Einen externen RSS-Feed in der Seitenleiste anzeigen	189
3.3.11	Tweak #95: Die Anzahl der Follower bei Twitter anzeigen	191
3.3.12	Tweak #96: Den letzten Tweet eines Twitter-Kontos ausgeben	193
3.3.13	Tweak #97: Ausgabe aller wichtigen Informationen eines Twitter-Kontos	195
3.4	Zusätzliche Funktionen ohne Plug-Ins	200
3.4.1	Tweak #98: Die anchor-Funktion des more-Tags unterbinden	200
3.4.2	Tweak #99: Anzeigen von Artikeln, die in der Zukunft publiziert werden	202
3.4.3	Tweak #100: Ähnliche Posts zu einem aktiven Artikel anzeigen	205
3.4.4	Tweak #101: Die Permalinks der Artikel in einer gekürzten Version darstellen	208

3.4.5	Tweak #102: Die letzten Kommentare in der Seitenleiste anzeigen	209
3.4.6	Tweak #103: Eine Leiste mit den Miniaturbildern der letzten Artikel erstellen	214
3.5	Das Back-End anpassen oder WordPress erweitern	217
3.5.1	Tweak #104: Ein Login-Formular in der Seitenleiste erzeugen	217
3.5.2	Tweak #105: Ein benutzerdefiniertes Feld beim Erstellen des Artikels erzeugen	220
3.5.3	Tweak #106: Zusätzliche Links zum Bearbeiten der Kommentare im Front-End anzeigen	222
3.5.4	Tweak #107: Alle nofollow-Werte aus den Kommentaren entfernen	224
3.5.5	Tweak #108: Mit einfachen Mitteln einen Schritt zur Vermeidung von »Duplicate Content« aus der Sicht der Suchmaschinen machen	225
3.5.6	Tweak #109: Den von WordPress angebotenen Feed durch den eigenen bei Feedburner ersetzen	227
3.5.7	Tweak #110: Artikel zeitversetzt im RSS-Feed publizieren	228
3.5.8	Tweak #111: Einen Post nur publizieren, wenn er eine Mindestanzahl von Wörtern überschreitet	230
3.5.9	Tweak #112: Ein maximale Anzahl von Wörtern bzw. Zeichen für den Artikeltitel festlegen	232
3.5.10	Tweak #113: Felder aus dem Benutzerprofil entfernen	234
3.5.11	Tweak #114: Weitere Gravatare hinzufügen	236
3.5.12	Tweak #115: Die Suche in WordPress komplett deaktivieren	238

4	**Komplexe Tweaks**	**241**
4.1	Formate anpassen oder erstellen	241
4.1.1	Tweak #116: Eine benutzerdefinierte Art von Posts erstellen	241
4.1.2	Tweak #117: Benutzerdefinierte Posts in einem eigenen Loop verarbeiten	244
4.1.3	Tweak #118: Artikel fortlaufend nummerieren	246
4.1.4	Tweak #119: Statt des Artikeltitels direkt einen Hyperlink auf eine externe Seite ausgeben	248
4.1.5	Tweak #120: Die Autorendaten als Mikroformat (Visitenkarte) anzeigen	251
4.1.6	Tweak #121: Eine eigene Schlagwortkategorie für benutzerdefinierte Posts erstellen	257
4.2	Die Usability verbessern	260
4.2.1	Tweak #122: Eine Krümelzeile (Breadcrumb) erzeugen	260

4.2.2	Tweak #123: In der Seitenleiste die Top-Artikel des Blogs anzeigen	263
4.2.3	Tweak #124: Kürzlich aktualisierte Seiten und Artikel in der Seitenleiste anzeigen	265
4.2.4	Tweak #125: Kommentare, TrackBacks und PingBacks in getrennten Bereichen anzeigen	269
4.2.5	Tweak #126: Die gefundenen Suchbegriffe hervorheben	273
4.3	Das Back-End oder WordPress erweitern	276
4.3.1	Tweak #127: Kommentare zeitgesteuert sperren	276
4.3.2	Tweak #128: Eine digitale Visitenkarte bei der Benutzerprofilverwaltung erzeugen	277
4.3.3	Tweak #129: Das Back-End um einen eigenen Menüpunkt mit einer Optionsseite erweitern	283
4.3.4	Tweak #130: Die Darstellung bzw. den Stil des Back-Ends verändern	291
4.3.5	Tweak #131: Einen neuen Artikeltyp erzeugen, um Produkte vorzustellen oder zum Verkauf anzubieten	293
5	**Grundlegende Begriffe**	**303**
5.1	Der Loop	303
5.2	Sidebars	304
5.3	Aufbau eines Themes	304
5.3.1	Die Hierarchie der Templates in der Version 3.0	305
5.3.2	Die Hierarchie der Templates in der Version 2.9	305
5.3.3	Die Hierarchie der Templates in Version 2.8	306
5.4	Der Aufbau eines Templates	307
	Stichwortverzeichnis	**309**

1 Tweaks

Was sind eigentlich diese berühmten Tweaks oder oft als Hacks bezeichneten Dinger? Die Frage ist schnell beantwortet: Es sind mehr oder weniger kurze Programmschnipsel, die, in unserem Fall, mehr aus WordPress herausholen.

Oft ist es nur ein kurzer Programmcode, der eine versteckte Funktion aktiviert oder einfach nur mehr Komfort für die tägliche Arbeit bietet. Es kann aber auch ein umfangreicheres Codesegment sein, um zusätzliche Funktionen zu erhalten.

Aber ein Grundprinzip haben alle Tweaks gemeinsam: Sie greifen nie direkt in das System ein. Damit ist gemeint, dass die Core-Dateien[7] nicht verändert werden. In diesem Buch werden daher nur Eingriffe in die Konfigurationsdatei und in Dateien des aktiven Themas vorgenommen. Wenn Sie sich nicht sicher sind, wie sich WordPress wirklich zusammensetzt, werfen Sie einfach einen Blick in das Glossar am Ende des Buches.

1.1 Der Aufbau der Tweaks

Wie bereits im Vorwort beschrieben, ist das Buch in drei Hauptkapitel gegliedert, um die Tweaks je nach Schwierigkeit einzuteilen. Jedes Kapitel enthält zusammenfassende Themen. Allen Tweaks ist eine gewisse Struktur gemeinsam.

1.1.1 Änderungen an der Konfigurationsdatei

Soll die Konfigurationsdatei von WordPress, *wp-config.php*, verändert werden, können Sie den Eintrag direkt an der angegebenen Stelle vornehmen. Bevor Sie jedoch Änderungen an einem laufenden Blog, einer aktiven Website, vornehmen, sollten Sie die Konfigurationsdatei sichern. Falls etwas schiefgeht, können Sie dann auf die unveränderten Konfigurationsdaten zurückgreifen.

Den passenden Ort für jeden Tweak in der Datei *wp-config.php* finden Sie schnell. Am besten suchen Sie folgenden Quellcode:

```
if ( !defined('ABSPATH') )
  define('ABSPATH', dirname(__FILE__) . '/');
require_once(ABSPATH . 'wp-settings.php');
```

---

[7] Die Dateien, aus denen WordPress im Kern besteht und die bei einem Update auch verändert werden.

Genau davor steht eine Bemerkungszeile. Sie erkennen sie durch /* am Beginn und */ am Ende. Sie sieht ungefähr (je nach WordPress-Version) so aus:

```
/* That's all, stop editing! Happy blogging. */
```

Genau vor dieser Zeile fügen Sie den jeweiligen Quellcode ein. Damit kann eine angepasste Konfigurationsdatei so aussehen, wobei die geänderten Zeilen fett geschrieben sind:

```
 * in their development environments.
 */
define('WP_DEBUG', false);
/*************************
 * TWEAKS *
 *************************/
/******************************************
 * Funktion:  Mehrere URLs/Domaenen fuer
 * diesen Blog verwenden
 * WordPress: alle
 * Wirkung:   Front-End/Back-End
 * Aufruf:    Parameter-Definition
 ******************************************/
define('WP_SITEURL', 'http://'.$_SERVER['SERVER_NAME']);
define('WP_HOME', 'http://'.$_SERVER['SERVER_NAME']);
/* That's all, stop editing! Happy blogging. */
/** Absolute path to the WordPress directory. */
if (!defined('ABSPATH')) {
    define('ABSPATH', dirname(__FILE__) . '/');
}
/** Sets up WordPress vars and included files. */
require_once(ABSPATH . 'wp-settings.php');
```

1.1.2 Änderungen an den Stilen des WordPress-Themas

Alle Formatierungen des aktiven Themas sind normalerweise in der Datei *style.css* abgelegt. Sie könnten alle Stile an das Ende der Datei anfügen. Aber um die Tweaks klarer zu trennen, habe ich mich für einen anderen Weg entschieden.

Wir legen für jeden Tweak, natürlich nur, wo es notwendig ist, eine neue CSS-Datei innerhalb des aktiven Themas an. Der Speicherort ist normalerweise das Basisverzeichnis des Templates. Aber wenn Sie sich nicht sicher sind, suchen Sie die Datei *style.css* im aktiven Thema, und Sie haben den Speicherort gefunden. Den Namen für das neue Stylesheet finden Sie immer am Anfang des Tweaks in einer eigenen Rubrik.

Danach müssen Sie nur noch den neuen Stil in die Header-Datei des Themas einbinden. Dazu öffnen Sie die Datei *header.php* und suchen nach folgender Zeile:

```
<link rel="stylesheet" type="text/css" media="all" href="<?php bloginfo(
'stylesheet_url' ); ?>" />
```

Sie wird je nach Thema vielleicht ein wenig anders aussehen. Aber auf jeden Fall finden Sie den Begriff `bloginfo( 'stylesheet_url' );` in der Zeile. Nun haben Sie den richtigen Ort für die Änderung: Genau nach dieser Zeile binden Sie den neuen Stil mit folgendem Befehl ein:

```
<link rel="stylesheet" href="<?php bloginfo('stylesheet_directory');
?>/microformat.css" type="text/css" media="screen" />
```

Auch wenn der Befehl hier in mehreren Zeilen erscheint, müssen Sie ihn in einer Zeile schreiben. Auch müssen Sie den Dateinamen, hier `microformat`, dem jeweiligen Tweak anpassen.

1.1.3 Änderungen an den Funktionen von WordPress

Prinzipiell gibt es für diese Anpassungen eine eigene Datei mit dem Namen *functions.php* im aktiven Thema. Falls sie bei Ihnen nicht vorhanden sein sollte, können Sie die Datei einfach anlegen.

In dieser Datei werden alle benutzerdefinierten Änderungen gespeichert. Sie wird bei einem Update von WordPress nicht angepasst, sondern hängt alleine vom jeweiligen Thema ab. Dadurch können Sie hier alle Tweaks einbauen und nach einem Update weiterverwenden, ohne von vorne beginnen zu müssen.

Selbstverständlich sollten Sie vor oder nach einem Update von WordPress die Tweaks überprüfen. Denn sie könnten für die neue Version nicht mehr verfügbar sein.

Auch bei den Funktionen habe ich mich für einen eigenen Weg entschieden, um die Struktur klarer zu gestalten. Nur einzeilige Tweaks programmieren wir direkt in dieser Datei. Hier fügen Sie die Zeile wie weiter unten beschrieben ein.

Die längeren Tweaks bauen wir nicht direkt in die Datei *functions.php* ein, sondern über sogenannte Includes. Das sind externe Dateien, die mit einem speziellen Befehl in eine andere PHP-Datei aufgenommen werden. Dazu gehen wir wie folgt vor:

Im aktiven Theme legen Sie ein Verzeichnis mit dem Namen *includes* an. In diesem werden wir später die einzelnen Tweaks in je einer PHP-Datei speichern. Nehmen wir an, wir haben einen Tweak erstellt und ihn in einer Datei mit dem Namen *boostMimeTypes.php* im Verzeichnis *includes* abgelegt. Nun müssen wir diesen Tweak auch in der Datei *functions.php* zur Verfügung stellen.

In der Datei *functions.php* finden Sie am Anfang ein paar Bemerkungszeilen, die wie folgt aussehen können:

```
<?php
/*********************
 * Funktion:   Funktionen fuer das Thema prettyNew
 * Dateiname:  functions.php
 * Autor:      Clemens Gull
 * Version:    1.4
 * Erstellt:   25. Juli 2008, 12:51
 * Aenderung:  27. Juli 2008, Version 1.1
 *                 Hinzufuegen der 2. Seitenleiste
 *             28. Juli 2008, Version 1.2
 *                 Internationalisierung hinzugefuegt
 *********************/
```

Danach kann noch zusätzlicher Quellcode kommen, der aber (noch) nicht von Interesse ist. Unsere Tweaks fügen wir entweder genau nach dem Ende des Bemerkungskopfes, also hinter der letzten Zeile im obigen Quellcode, ein. Falls keine Bemerkungen vorhanden sind, fügen wir den Tweak direkt nach der öffnenden Zeile mit der Sequenz <?php ein.

Für unsere neue Funktion würde die geänderte Datei *functions.php* so aussehen, damit der Tweak aktiv ist:

```
<?php
/*********************
 * Funktion:   Funktionen fuer das Thema prettyNew
 * Dateiname:  functions.php
 * Autor:      Clemens Gull
 * Version:    1.4
 * Erstellt:   25. Juli 2008, 12:51
 * Aenderung:  27. Juli 2008, Version 1.1
 *                 Hinzufuegen der 2. Seitenleiste
 *             28. Juli 2008, Version 1.2
 *                 Internationalisierung hinzugefuegt
 *********************/
//MIME-Types hinzufuegen
require_once 'includes/boostMimeTypes.php';
...
?>
```

Auch diese Dateinamen sind am Anfang jedes Tweaks angeführt.

1.1.4 Änderungen an den Dateien des Themes

Bei manchen Tweaks muss eine bestimmte Datei des Themes verändert werden. Wenn sicher ist, welche das sein soll, finden Sie den exakten Dateinamen bei der Beschreibung des betreffenden Tweaks.

Es gibt aber auch Fälle, in denen es entweder mehrere verschiedene mögliche Dateien gibt oder Ihnen die Entscheidung überlassen wird. Der zweite Punkt ist leichter zu beantworten. In diesem Fall können Sie den Tweak entweder in die Seitenleiste oder in der Hauptseite oder auch bei einer Einzelseite einbauen. Das gilt zum Beispiel, wenn Sie Informationen zum Autor eines Artikels anzeigen lassen wollen. Dann kann das nach jedem Artikel auf der Hauptseite sein oder auch nur am Ende eines Artikels, falls er in der Einzelansicht angezeigt wird. Hier finden Sie zu Anfang der Beschreibung des Tweaks einen Vorschlag.

Ein typisches Beispiel für den ersten Punkt ist der Loop. Wenn dieser verändert werden oder auch zusätzliche Informationen anzeigen soll, gibt es mehrere Dateien, die angepasst werden können bzw. müssen. Hier ist prinzipiell Ihnen die Entscheidung darüber überlassen, ob Sie die Hauptseite, das Archiv, die Einzelansicht oder alle Dateien anpassen möchten. Wichtig ist nur, dass die Änderung innerhalb des Loops passiert. Auch hier finden Sie am Anfang der Beschreibung eines Tweaks die notwendige Information.

1.1.5 Für alle Tweaks

Für alle Tweaks gilt, dass diese Vorgehensweisen nicht jedes Mal aufs Neue beschrieben werden. Sie finden vielmehr am Anfang jedes Tweaks die jeweiligen Dateinamen, die Sie verwenden sollen, und auch Informationen, welche Dateien Sie ändern müssen.

Sie haben bereits gesehen, dass jeder Tweak oder jede Änderung einen sehr ausführlichen Bemerkungskopf hat. Natürlich können Sie sehr puristisch programmieren und nur die Befehle übernehmen. Trotzdem empfehle ich Ihnen diese Form. Denn so lässt sich einerseits auch nach Wochen und Monaten noch erkennen, was der Tweak wirklich macht. Und wie ich oben beschrieben habe, können WordPress-Updates die Tweaks stark beeinflussen. Daher ist es gut, gleich die Version Ihrer WordPress-Installation zu kennen.

Bei jedem Tweak finden Sie innerhalb des Sourcecodes immer wieder Bemerkungen. Diese dienen dem besseren Verständnis, wie die einzelnen Zeilen und Befehle funktionieren. Diese können Sie ebenfalls weglassen, wenn Sie sich gut mit der PHP-Programmierung auskennen. Aber falls Sie noch kein geübter Programmierer sind, würde ich sie ebenfalls stehen lassen. Denn so können Sie jederzeit nachvollziehen, wie etwas funktioniert und wo Sie gefahrlos etwas verändern können.

Leider schaffe ich es hier nicht, zwei wichtige Dinge gleichzeitig zu berücksichtigen: einerseits den Komfort, dass die Tweaks für alle Benutzer funktionieren, und andererseits ein geschwindigkeitsoptimiertes WordPress. Ich habe mich als Schwerpunkt für das Erste entschieden. Die Tweaks sollen also möglichst gut und komfortabel für alle Leserinnen und Leser anwendbar sein.

Wenn Sie aber Geschwindigkeit für Ihren Blog als wichtiges Ziel definiert haben, müssen Sie bei allen Befehlen, die Informationen zu den Grundeinstellungen des Blogs abrufen, vorsichtig sein. Am einfachsten ist es, wenn Sie Befehle, die ein Verzeichnis oder den Namen des Blogs oder die eMail-Adresse des Administrators abfragen, durch feste Werte ersetzen. Beispielsweise ersetzen Sie den Befehl

```
//eMail-Adresse des Administrators
$adminEmail = get_option('admin_email');
```

durch folgende Version:

```
//eMail-Adresse des Administrators
$adminEmail = 'buch@guru-20.info';
```

Dies ist zwar nicht sehr elegant, aber es funktioniert. Es besteht aber auch eine Gefahr dabei. Falls sich diese Daten einmal ändern, etwa, wenn Sie eine neue Mailadresse benutzen, kann es leicht passieren, dass Sie vergessen, dies in Ihrem Code zu ändern.

1.2 Konventionen

Die einzelnen unterschiedlichen Formatierungen bedürfen sicher keiner genaueren Erklärung, sie erschließen sich Ihnen beim Lesen. Die verwendeten Symbole spreche ich aber trotzdem kurz an.

Symbol	Verwendung
(W 2.7)	Der Tweak kann für die WordPress-Version 2.7 verwendet werden.
(W 2.8)	Der Tweak kann für die WordPress-Version 2.8 verwendet werden.
(W 2.9)	Der Tweak kann für die WordPress-Version 2.9 verwendet werden.
(W 3.0)	Der Tweak kann für die WordPress-Version 3.0 verwendet werden.

1.3 Diese Fehler können leicht auftreten

1.3.1 Fehlerhafte Header-Information

Einer der häufigsten Fehler ist die Meldung `Cannot modify header information`, wie sie in der folgenden Abbildung gezeigt ist.

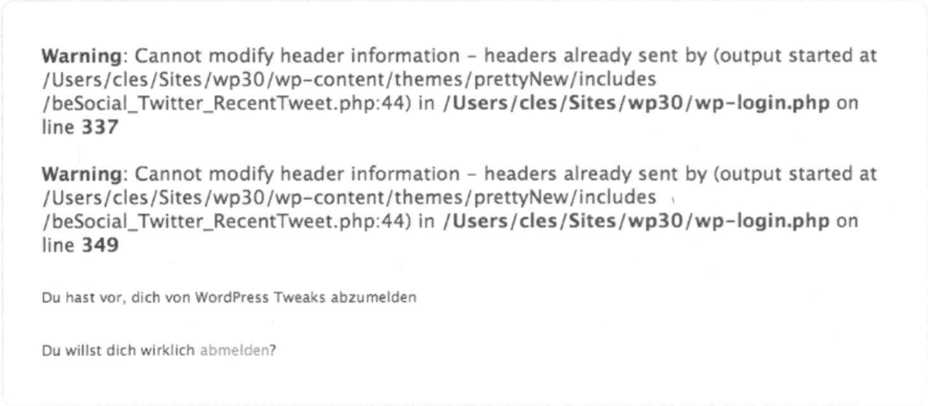

> **Warning**: Cannot modify header information - headers already sent by (output started at /Users/cles/Sites/wp30/wp-content/themes/prettyNew/includes/beSocial_Twitter_RecentTweet.php:44) in **/Users/cles/Sites/wp30/wp-login.php** on line **337**
>
> **Warning**: Cannot modify header information - headers already sent by (output started at /Users/cles/Sites/wp30/wp-content/themes/prettyNew/includes/beSocial_Twitter_RecentTweet.php:44) in **/Users/cles/Sites/wp30/wp-login.php** on line **349**
>
> Du hast vor, dich von WordPress Tweaks abzumelden
>
> Du willst dich wirklich abmelden?

Bild 1.1: Dieser Fehler tritt häufig auf – seine Ursache ist aber eher banal.

Dieser Fehler hat große Auswirkungen, aber eine banale Ursache. Das Dumme daran ist, dass Sie die Ursache kaum sehen. Denn sie besteht meistens aus Leerzeichen, die am Anfang bzw. am Ende einer PHP-Datei stehen.

Um den Fehler zu beheben, müssen Sie zuerst die betroffene PHP-Datei identifizieren. Den Namen finden Sie in der Fehlermeldung; er steht in der runden Klammer. Man könnte eigentlich meinen, die fett angezeigte Datei enthalte den Fehler. Dem ist aber nicht so, diese Datei löst den Fehler nur aus.

Wenn Sie die betroffene Datei untersuchen, im oben gezeigten Fall ist es `beSocial_Twitter_RecentTweet.php`, überprüfen Sie, ob vor dem ersten `<?php` und nach dem letzten `?>` noch Leerzeichen oder irgendein anderer Text steht. Diese Zeichen müssen Sie löschen, da sie den Fehler erzeugen.

1.3.2 Fehlende Funktion

Oft kann es vorkommen, dass eine Fehlermeldung `Call to undefined function` erscheint, die Sie im folgenden Bild sehen.

> **Fatal error:** Call to undefined function showCatgeories_Sub() in **/Users/cles/Sites/wp30/wp-content/themes/prettyNew/archive.php** on line **28**

Bild 1.2: Ein weiterer häufig auftretender Fehler – eine nicht definierte Funktion wird aufgerufen. Oft ist ein Tippfehler die Ursache.

Sie finden dort auch immer den Namen der Funktion und auch den Dateinamen, der den Fehler verursacht. Dieser Fehler kann verschiedene Ursachen haben.

Es kann oft ein einfacher Tippfehler sein. Vielleicht haben Sie sich beim Aufruf der Funktion vertippt. Dann müssen Sie nur diesen Fehler korrigieren.

Der Fehler kann seine Ursache auch im Erstellen der Funktion haben. Nach dem Befehl `function` geben Sie ja den Namen der Funktion an. Hier können Sie sich auch vertippt haben. Oder Sie finden dort den wirklichen Namen der Funktion, so wie Sie ihn an anderer Stelle eingeben müssen, um sie zu verwenden.

Die letzte Ursache kann ein ganz einfaches Versehen sein. Vielleicht haben Sie die Funktion einfach nicht in der Datei *functions.php* eingebunden. Meistens fehlt der Aufruf der Datei mit dem Befehl `require_once 'dateiname.php'`.

1.3.3 Syntaxfehler

Dies ist einer der häufigsten Fehler, und auch hier gibt es einen Fehler, der sehr oft gemacht wird. Er zeigt sich in der unten dargestellten Fehlermeldung.

> **Parse error:** syntax error, unexpected '}' in **/Users/cles/Sites/wp30/wp-content/themes/prettyNew/includes/showCatgeories_Sub.php** on line **58**

Bild 1.3: Ein syntax error – von allen Programmierern gleichermaßen gefürchtet

Sie sehen sofort am Anfang der Meldung `syntax error, unexpected`, dass es sich um einen Fehler in der Syntax von PHP handelt. Am Ende sind die Zeilen angegeben, in denen Sie den Fehler finden. Dies ist unter Umständen verwirrend! Denn meistens haben Sie in der vorhergehenden Zeile das Semikolon vergessen. So wie Sie es hier in Zeile 57 sehen. PHP ist hier sehr sensibel. Jede Zeile, außer die mit Blockoperatoren, muss mit einem Strichpunkt beendet werden.

```
...
55. } else {
56.     //Rueckgabe der Liste
57.     return $catList
58.   }
59. }
...
```

1.3.4 Vergessene Klammern

Oft vergisst man, eine geschwungene Klammer bzw. den Blockoperator von PHP zu schließen. Ich habe mir den Trick angewöhnt, den Blockoperator sofort wieder zu schließen, wenn ich ihn geöffnet habe, und danach zwischen den beiden weiterzuschreiben. Trotzdem kommt es auch bei mir manchmal zu folgender Fehlermeldung:

> **Parse error**: syntax error, unexpected $end in **/Users/cles/Sites/wp30/wp-content/themes/prettyNew/includes/dectectBrowser_BodyClass.php** on line **21**

Bild 1.4: Diese Fehlermeldung beschwert sich über ein unerwartetes Zeilenende – meist ist eine vergessene Klammer der Grund.

PHP beschwert sich zwar auch hier über einen Syntax-Fehler, aber wenn Sie weiterlesen, sehen Sie die Formulierung `unexpexted $end` im Text. Die Zeilennummer bei so einer Fehlermeldung können Sie normalerweise ignorieren, da es immer die letzte Zeile des Codes ist. Denn PHP erkennt nicht, dass Sie die Klammer vergessen haben.

In diesem Fall müssen Sie wohl oder übel den Code durchsuchen und alle Klammern überprüfen.

1.3.5 Vergessene Punkte

Auch dieser Fehler passiert häufig! Punkte werden zum Verketten von Zeichenketten benutzt. Meistens werden damit Texte und Anführungszeichen und Variablen verbunden. Fehlt hier ein Punkt oder ist er zwischen die Anführungszeichen gerutscht, kommt es zu folgender Fehlermeldung. Sie sagt tröstlicherweise am Ende aber gleich, welche Zeile betroffen ist.

> **Parse error**: syntax error, unexpected T_VARIABLE in **/Users/cles/Sites/wp30/wp-content/themes/prettyNew/includes/showPostCategories.php** on line **10**

Bild 1.5: Diese Fehlermeldung wurde durch einen vergessenen Punkt herbeigeführt.

Im Quellcode kann das so aussehen:

```
...
$outPut .= '<a href="/category/'$cName.' title="'.
           $cName.'"><img src="'.
           get_bloginfo('stylesheet_directory').
           '/images/cat-'.$cID.'.jpg" alt="'.$cName.'" '.
           ' border="0" width="64" height="64" /></a>';
...
```

Sie sehen sofort, dass in der ersten Zeile bei der Variablen $cName ein Punkt vor dem Dollarzeichen fehlt. Es kann aber auch so aussehen:

```
...
$outPut .= '<a href="/category/.'$cName.' title="'.
            $cName.'"><img src="'.
            get_bloginfo('stylesheet_directory').
            '/images/cat-'.$cID.'.jpg" alt="'.$cName.'" '.
            ' border="0" width="64" height="64" /></a>';
...
```

Hier ist der Punkt an derselben Stelle innerhalb des Textes verrutscht. In beiden Fällen muss der Punkt nämlich als Verkettungsoperator zwischen dem Apostroph und dem Dollarzeichen stehen.

2 Einfache Tweaks

2.1 Hilfen für die Konfiguration von WordPress

2.1.1 Tweak #1: Einen Blog mit denselben Inhalten unter verschiedenen Domänennamen verwenden

Unterstützt von:

Aufgabe:

Der Blog soll unter den Namen guru-20.info und guru-30.info auf demselben Webserver liegen und dieselbe Datenbank verwenden. Der Leser soll aber beide Domänennamen verwenden können.

Gefahren:

Suchmaschinen könnten dies als doppelten Content identifizieren. Der Domänenname kann in den Einstellungen im Back-End von WordPress nicht mehr verändert werden.

WordPress-Datei:

wp-config.php

Neue Dateien:

keine

Mit dem Tweak definieren Sie zwei Konstanten und speichern darin den aktuellen Servernamen. Den Servernamen erhalten Sie über eine superglobale Variable von PHP. Diese enthält immer den aktuellen Domänennamen, der vom Leser angefordert wurde.

```
/************************************
 * Funktion:  Mehrere URLs/Domaenen fuer diesen Blog verwenden
 * WordPress: alle
 * Wirkung:   Front-End/Back-End
 * Aufruf:    Parameter-Definition
 * Parameter: Basis-URL des Blogs
 ************************************/
define('WP_SITEURL', 'http://'.$_SERVER['SERVER_NAME']);
define('WP_HOME',    'http://'.$_SERVER['SERVER_NAME']);
```

So sieht es im Back-End von WordPress aus:

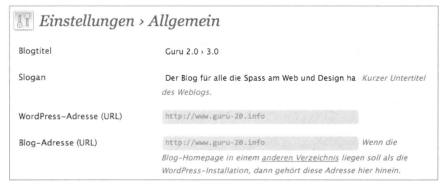

Bild 2.1: Dieser Tweak deaktiviert die Einstellungen für die URL im Back-End.

2.1.2 Tweak #2: Verwaiste Widgets entfernen bzw. reaktivieren

Unterstützt von:

Aufgabe:

Gerade beim Entwickeln eines neuen Templates kommt es vor, dass Sie die Sidebars (Seitenleisten) umbenennen. Da aber WordPress die Einstellungen der Widgets in der Datenbank speichert, sind diese dadurch verloren gegangen. Besonders Widgets, die nur einmal aktiviert werden können, sind damit nicht mehr verwendbar. Daher müssen wir alle Widgets aus der Datenbank entfernen und die Konfiguration zurücksetzen.

Gefahren:
Alle Einstellungen der Widgets gehen verloren.

WordPress-Datei:
functions.php

Neue Dateien:

keine

```
/*********************************
 * Funktion:   Alle registrierten Widgets aus der
 *             Datenbank entfernen
 * WordPress: alle
 * Styles:    ---
 * Wirkung:   Front-End/Back-End
 * Aufruf:    WordPress-Funktion
 *
 * Name:      ---
 * Parameter: ---
 * Rueckgabe: ---
 *********************************/
update_option('sidebars_widgets', NULL);
```

Nach dem Einfügen des Codes müssen Sie einmal die Startseite des Blogs aufrufen. Damit setzt WordPress alle Einstellungen zurück. Danach müssen Sie die Zeile sofort wieder aus der Datei entfernen, damit Ihre Einstellungen im Back-End, die Sie jetzt für die Widgets festlegen, nicht sofort wieder gelöscht werden. Nach dem Einsatz dieses Tweaks können Sie alle Widgets im Back-End reaktivieren.

2.1.3 Tweak #3: Die Datenbank von WordPress automatisch reparieren

Unterstützt von:

Aufgabe:
Die Datenbank von WordPress ist defekt und muss repariert werden.

Gefahren:

Während der Tweak aktiv ist, kann die Reparatur ohne Identifikation von jedem durchgeführt werden. Zwar kann niemand direkt auf die Datenbank zugreifen, aber eine mehrmalige Reparatur beziehungsweise Optimierung kann auch den schnellsten Server verlangsamen. Da für die Ausführung des Skripts kein weiteres Passwort nötig ist, könnten Angreifer sich dies zunutze machen und den Webserver überlasten.

WordPress-Datei:

wp-config.php

Neue Dateien:

keine

```
/***********************************
 * Funktion:   automatische Datenbankreparatur (und Optimierung)
 * WordPress:  ab 2.9
 * Wirkung:    Back-End
 * Aufruf:     Parameter-Definition
 * Parameter:  true .... aktiviert die Reparaturfunktion
 *             false ... deaktiert die Reparaturfunktion NICHT!
 *                       Zum Deaktivieren: Zeile entfernen bzw.
 *                       auskommentieren
 ***********************************/
define('WP_ALLOW_REPAIR', true);
```

Nun können Sie über den Hyperlink *http://deine.domäne.at/wp-admin/maint/repair.php* die Reparatur der Datenbank starten.

WordPress zeigt ein Fenster mit zwei Auswahlmöglichkeiten: Entweder können Sie nur die Datenbank reparieren oder gleichzeitig eine Optimierung (zur Geschwindigkeitsverbesserung) durchführen.

Wichtig ist, dass nach erfolgreicher Reparatur die Zeile wieder entfernt werden muss. Es reicht nicht, den Wert von true auf false zu ändern!

So sieht es im Back-End aus:

WordPress kann automatisch nach verschiedenen allgemein bekannten Datenbank-Problemen suchen und diese reparieren. Die Reparatur kann eine Weile dauern, habe bitte etwas Geduld.

(Datenbank reparieren)

WordPress kann versuchen die Datenbank zu optimieren, das kann zu Performance-Verbesserungen führen. Reparatur und Optimierung der Datenbank kann einige Zeit in Anspruch nehmen, die Datenbank bleibt währenddessen gesperrt.

(Repariere und optimiere die Datenbank)

Bild 2.2: Das Auswahlmenü zur Datenbank-Reparatur

```
The wp_users table is okay.
    The wp_users table is already optimized.
The wp_usermeta table is okay.
    The wp_usermeta table is already optimized.
The wp_posts table is okay.
    The wp_posts table is already optimized.
The wp_comments table is okay.
    The wp_comments table is already optimized.
The wp_links table is okay.
    The wp_links table is already optimized.
The wp_options table is okay.
    The wp_options table is already optimized.
The wp_postmeta table is okay.
    The wp_postmeta table is already optimized.
The wp_terms table is okay.
    The wp_terms table is already optimized.
The wp_term_taxonomy table is okay.
    The wp_term_taxonomy table is already optimized.
The wp_term_relationships table is okay.
    The wp_term_relationships table is already optimized.
The wp_commentmeta table is okay.
    The wp_commentmeta table is already optimized.

Die Reparaturen wurden erfolgreich durchgeführt. Bitte entferne folgende Codezeile aus der Datei wp-config.php,
damit diese Seite nicht von unautorisierten Benutzern genutzt werden kann.

define('WP_ALLOW_REPAIR', true);
```

Bild 2.3: Nach der Reparatur zeigt WordPress die durchgeführten Aktionen an.

2.1.4 Tweak #4: Die Fehlermeldung über zu wenig Speicher beheben

Unterstützt von:

Aufgabe:

WordPress gibt immer wieder die Fehlermeldung `Allowed memory size of ### bytes exhausted` aus. Dadurch wird der Blog gar nicht mehr oder fehlerhaft angezeigt. Dies resultiert aus einer zu geringen Zuweisung des Hauptspeichers für PHP. Wir wollen PHP deshalb mehr Speicher zur Verfügung stellen.

Gefahren:

Der Webserver kann insgesamt zu wenig Hauptspeicher haben. In diesem Fall kann es sein, dass der Tweak nicht die erwünschte Wirkung zeigt. In manchen Fällen können zudem andere Webanwendungen durch unseren Tweak negativ beeinflusst werden, da ihnen zu wenig Speicher zur Verfügung steht.

WordPress-Datei:

wp-config.php

Neue Dateien:

keine

Sie können die Zahl in 8-MByte-Schritten anpassen. Am Besten beginnen Sie mit dem Wert `64M` (entspricht 64 MByte Hauptspeicher) und probieren nach jeder Änderung, ob der Blog jetzt fehlerfrei läuft. Sobald dies der Fall ist, sollten Sie den Wert für das Speicherlimit nicht mehr weiter erhöhen.

Je nachdem, wie viel Speicher Ihr Webhoster Ihnen zur Verfügung stellt, kann es sein, dass diese Einstellung keine Wirkung zeigt.

```
/********************************
 * Funktion:   Speicherverbrauch fuer PHP/WordPress anpassen
 * WordPress:  ab 2.5
 * Wirkung:    Back-End/Front-End
 * Aufruf:     Parameter-Definition
 * Paramater:  MegaByte in 8er Schritten
 *             Standardwert ist 32M
 ********************************/
define('WP_MEMORY_LIMIT', '40M');
```

2.1.5 Tweak #5: Die Zugriffsberechtigungen im Dateisystem anpassen

Unterstützt von:

Aufgabe:

Mein Webhoster hat sehr restriktive Berechtigungen gesetzt. Dadurch habe ich in meinem Upload-Verzeichnis keine passenden Berechtigungen mit FTP. Jedes Mal, wenn ich ein Bild oder Attachment hochlade, setzt WordPress die Zugriffsberechtigungen so ein, dass sie mit dem FTP-Programm nicht mehr lesbar sind. Daher lässt sich auch keine komplette Sicherung des Blogs mit dem FTP-Programm durchführen, denn gerade diese Dateien sind nicht mehr lesbar.

Gefahren:

Durch zu freie Berechtigungshandhabung kann eine Sicherheitslücke auf dem Blog/Webserver entstehen.

WordPress-Datei:

wp-config.php

Neue Dateien:

keine

Die beiden Parameter definieren die Vergabe der Zugriffsrechte für über WordPress neu angelegte Dateien bzw. Verzeichnisse. Die Zahlen repräsentieren den oktalen Wert der Rechte[8].

```
/*******************
 * Funktion:   Berechtigungen fuer das Dateisystem aendern
 * WordPress:  alle
 * Wirkung:    Back-End
 * Aufruf:     Parameter-Definition
 * Paramater:  Oktalzahl mit den Berechtigungen fuer den
 *             Eigentuemer/Gruppe/Anderen
 *******************/
```

---

[8] Eine genaue Beschreibung der Rechte finden Sie im Internet unter:
http://www.linupedia.org/opensuse/Zugriffsrechte

```
//Dateiberechtigungen
define('FS_CHMOD_FILE', 0755);
//Verzeichnisberechtigungen
define('FS_CHMOD_DIR', 0755);
```

2.2 Meta-Informationen anpassen und verändern

2.2.1 Tweak #6: Den Eintrag für den Generator im Kopf der Webseite unterdrücken

Unterstützt von:

Aufgabe:

Im head-Element des Blogs steht immer ein meta-Element mit dem Wert generator. Dieses Element soll nicht mehr angezeigt werden, aber der restliche Inhalt des head-Elements soll weiter erhalten bleiben. Durch das Entfernen dieses Eintrags im head-Element lässt sich der Blog sicherer gestalten. Sonst würden Angreifer auf den ersten Blick erkennen, mit welcher Applikation die Webseite erstellt wurde. Sie können sich somit leichter über potenzielle Sicherheitslücken des Systems informieren und sich so eventuell auch Zutritt verschaffen.

Gefahren:

Der Blog wird von Suchmaschinen nicht mehr als Weblog erkannt.

WordPress Datei:

functions.php

Neue Dateien:

keine

Fügen Sie folgende Zeilen, ein um die Ausgabe des Generator-Elements zu unterbinden:

```
/********************************
 * Funktion:   META-Element 'wp_generator' aus dem
 * head-Element entfernen
 * WordPress: alle
```

2.2 Meta-Informationen anpassen und verändern   35

```
 * Styles:      ---
 * Wirkung:     Front-End > head-Element jeder Seite
 * Aufruf:      WordPress-Funktion
 *
 * Name:        ---
 * Parameter:   ---
 * Rueckgabe:   ---
 **********************************/
remove_action('wp_head', 'wp_generator');
```

2.2.2 Tweak #7: Den Eintrag für das Really Simple Directory im Kopf der Webseite unterdrücken

Unterstützt von:

Aufgabe:

Im `head`-Element des Blogs steht immer ein `link`-Element mit dem Wert `rel="EditURI"`. Dieses Element soll nicht mehr angezeigt werden, denn ich benutze keine Programme für diese Art des Bloggens. Aber der restliche Inhalt des `head`-Elements soll weiter erhalten bleiben.

Gefahren:

Really Simple Directory funktioniert nicht mehr.

WordPress Datei:

functions.php

Neue Dateien:

keine

Fügen Sie folgende Zeilen ein, um die Ausgabe des `meta`-Elements zu unterdrücken:

```
/**********************************
 * Funktion:    META-Element link mit rel='EditURI' aus dem
 *              head-Element entfernen
 * WordPress:   alle
 * Styles:      ---
```

```
 * Wirkung:    Front-End > head-Element jeder Seite
 * Aufruf:     WordPress-Funktion
 *
 * Name:       ---
 * Parameter:  ---
 * Rueckgabe:  ---
 **********************************/
remove_action('wp_head', 'rsd_link');
```

So sieht es im Back-End aus:

```
        type="text/css" media="screen" />
        <meta http-equiv="content-language" content="de-DE" />
        <meta name="copyright" content="Copyright (c) 2008 -
            2010, WordPress Tweaks" />
        <meta name="description" content="Ein Blog mit WordPress 3.0" />
        <meta name='robots' content='noindex,nofollow' />
<link rel="EditURI" type="application/rsd+xml" title="RSD" href="http://localhost
/wp30/xmlrpc.php?rsd" />
<meta name="generator" content="WordPress 3.0.1" />
        <style type="text/css">.recentcomments a{display:inline !important;padding:0
!important;margin:0 !important;}</style>
</head>
```

Bild 2.4: Solange Sie den Tweak nicht anwenden, wird dieser Link im Kopf der HTML-Datei angezeigt.

2.2.3 Tweak #8: Den Eintrag für das Windows Live Writer Manifest im Kopf der Webseite unterdrücken

Unterstützt von:

Aufgabe:

Im head-Element des Blogs steht immer ein link-Element mit dem Wert rel= "wlwmanifest.xml". Dieses Element soll nicht mehr angezeigt werden, denn ich benutze Windows Live Writer nicht. Aber der restliche Inhalt des head-Elements soll weiter erhalten bleiben.

Gefahren:

Windows Live Writer funktioniert nicht mehr.

2.2 Meta-Informationen anpassen und verändern

WordPress Datei:

functions.php

Neue Dateien:

keine

Fügen Sie folgende Zeilen ein, um die Ausgabe des `meta`-Elements für den Windows Live Writer zu unterbinden:

```
/***********************************
 * Funktion:   META-Element link mit rel='wlwmanifest' aus dem
 *             head-Element entfernen
 * WordPress:  alle
 * Styles:     ---
 * Wirkung:    Front-End > head-Element jeder Seite
 * Aufruf:     WordPress-Funktion
 *
 * Name:       ---
 * Parameter:  ---
 * Rueckgabe:  ---
 ***********************************/
remove_action('wp_head', 'wlwmanifest_link');
```

So sieht es im Back-End aus:

```
<meta http-equiv="content-language" content="de-DE" />
<meta name="copyright" content="Copyright (c) 2008 -
    2010, WordPress Tweaks" />
<meta name="description" content="Ein Blog mit WordPress 3.0" />
<meta name='robots' content='noindex,nofollow' />
<link rel="wlwmanifest" type="application/wlwmanifest+xml" href="http://localhost
/wp30/wp-includes/wlwmanifest.xml" />
<meta name="generator" content="WordPress 3.0.1" />
    <style type="text/css">.recentcomments a{display:inline !important;padding:0
!important;margin:0 !important;}</style>
</head>
```

Bild 2.5: Solange Sie den Tweak nicht anwenden, wird der Link zum Windows Live Writer im Kopf der HTML-Datei angezeigt.

2.2.4 Tweak #9:
Den Eintrag für das Element link mit dem Attribut rel='index' im Kopf der Webseite unterdrücken

Unterstützt von:

Aufgabe:

Im head-Element des Blogs steht immer ein link-Element mit dem Wert rel="index". Dieses Element soll nicht mehr angezeigt werden. Aber der restliche Inhalt des head-Elements soll weiter erhalten bleiben.

Gefahren:

keine

WordPress Datei:

functions.php

Neue Dateien:

keine

Fügen Sie folgende Zeilen ein, um die Ausgabe des meta-Elements mit dem rel-Attribut zu unterdrücken:

```
/*********************************
 * Funktion:   META-Element link mit rel='index' aus dem
 *             head-Element entfernen
 * WordPress:  alle
 * Styles:     ---
 * Wirkung:    Front-End > head-Element jeder Seite
 * Aufruf:     WordPress-Funktion
 *
 * Name:       ---
 * Parameter:  ---
 * Rueckgabe:  ---
 *********************************/
remove_action('wp_head', 'index_rel_link');
```

2.2.5 Tweak #10:
Alle Einträge, die auf Feeds verweisen, im Kopf der Webseite unterdrücken

Unterstützt von:

Aufgabe:

Im `head`-Element des Blogs stehen immer Einträge, die auf RSS-Feeds verweisen. Wir wollen aber keine Feeds anbieten, daher sollen diese Elemente entfernt werden. Aber der restliche Inhalt des `head`-Elements soll weiter erhalten bleiben.

Gefahren:

Benutzer können den Blog nicht mehr über Feed-Reader erreichen.

WordPress Datei:

functions.php

Neue Dateien:

keine

Fügen Sie folgende Zeilen ein, um die Ausgabe der Elemente für die Feed-Links zu unterbinden:

```
/*********************************
 * Funktion:   Alle Links, welche auf Feeds verweisen
 *             head-Element entfernen
 * WordPress:  alle
 * Styles:     ---
 * Wirkung:    Front-End > head-Element jeder Seite
 * Aufruf:     WordPress-Funktion
 *
 * Name:       ---
 * Parameter:  ---
 * Rueckgabe:  ---
 *********************************/
automatic_feed_links(false);
```

2.3 Formate anpassen oder erstellen

2.3.1 Tweak #11:
Den Browser des Benutzers erkennen und eine passende CSS-Klasse im body-Tag einfügen

Unterstützt von:

Aufgabe:

Wir wollen den Browser unserer Leser erkennen. Durch eine spezielle Klasse für jeden Browser im öffnenden body-Tag wollen wir das Blog-Design auf den jeweiligen Webbrowser anpassen können.

Gefahren:

Wenn ein Plug-In zur Beschleunigung oder die interne Caching-Funktion aktiviert ist, kann es zu Fehlfunktionen im Design kommen.

WordPress-Datei:

functions.php

Neue Dateien:

detectBrowser_BodyClass.php

Durch diesen Filter fügen Sie je nach Browsertyp eine zusätzliche Klasse zum öffnenden body-Tag hinzu. Dies sieht zwar am Anfang sehr einfach aus, aber durch die Möglichkeiten von CSS können Sie jetzt das Design an die einzelnen Browser anpassen.

Um zum Beispiel die Klasse theLoop für den Loop für die einzelnen Browser anzupassen, können Sie per CSS eine Klasse für den *Internet Explorer* body.bIE div.theLoop oder eine für den *FireFox* body.bGecko div.theLoop erstellen.

```
<?php
/********************
 * Funktion:   automatisches Erkennen des Browsers und
 *             CSS-Klasse zum body-Tag hinzufuegen
 * WordPress:  ab 2.8
 * Styles:     keine (erweiterte Definition moeglich)
 * Wirkung:    Front-End
 * Aufruf:     ueber Filter
```

```
*
 * Name:       detectBrowser_BodyClass
 * Parameter: $classes array
 *            bereits vorhandene Klassen fuer den body-Tag
 * Rueckgabe: erweitertes Klassen-Array
 ********************/
function dectectBrowser_BodyClass($classes) {
  //globale Conditional-Tags von WordPress aktivieren
  global $is_lynx, $is_gecko, $is_IE;
  global $is_opera, $is_NS4, $is_safari;
  global $is_chrome, $is_iphone;
  //Array fuer die moeglichen Browser
  $browserType = array($is_lynx, $is_gecko, $is_IE,
                       $is_opera, $is_NS4, $is_safari,
                       $is_chrome, $is_iphone);
  //Array mit den Klassennamen
  $browserClss = array('bLynx', 'bGecko', 'bIE', 'bOpera',
                       'bNS4', 'bSafari', 'bChrome', 'biPhone');
  //durch Array iterieren,
  //und Browserklasse zum Array classes hinzufuegen
  for ($i = 0; $i < sizeof($browserType); $i++) {
    if ($browserType[$i] == 1) {$classes[] = $browserClss[$i];}
  }
  //erweitertes Array zurueckgeben
    return $classes;
}
//Filter aktivieren
add_filter('body_class','dectectBrowser_BodyClass');
?>
```

So sieht es im Front-End aus:

```
▶ <head>
▼ <body class="home blog logged-in bGecko">
    ▼ <div id="wrapper">
      ▶ <div id="header">
      ▼ <div id="content">
        ▼ <div id="theLoop">
          ▶ <div id="theFuture" class="post">
          ▶ <div id="the_tutorial" class="post">
```

Bild 2.6: In HTML sehen Sie die zusätzliche Klasse im öffnenden body-Tag.

2.3.2 Tweak #12:
Die CSS-Datei je nach Jahreszeit automatisch ändern

Unterstützt von:

Aufgabe:

Der Blog soll sein Layout je nach Jahreszeit verändern. Ich hätte gerne zu Weihnachten ein passendes Layout, es soll aber nur an bestimmten Tagen oder zu einem bestimmten Zeitraum aktiv sein.

Gefahren:

Das Design kann inkonsistent werden.

WordPress-Datei:

functions.php

Neue Dateien:

timeBasedCSS.php

Das Problem kann über die folgende neue Funktion gelöst werden. Durch die Überprüfung des aktuellen Monats und aktuellen Tages können Sie feststellen, ob das Datum innerhalb eines bestimmten Bereichs liegt. Ist dies der Fall, wird eine CSS-Datei für genau diesen Zeitraum aktiviert. Voraussetzung dazu ist, dass alle Stylesheets im Verzeichnis des aktiven Themes stehen.

```
<?php
/*********************
 * Funktion:   CSS vom Datum abhaengig aktivieren
 * WordPress:  ab 2.1
 * Styles:     keine
 * Wirkung:    Front-End > komplett
 * Aufruf:     direkt
 *
 * Name:       timeBasedCSS
 * Parameter:  ---
 * Rueckgabe:  direktes Aktivieren des CSS
 *********************/
function timeBasedCSS() {
  //aktuellen Monat und aktuellen Tag ermitteln
```

```
$mon = date("n");
$tag = date("j");
//pruefen, ob innerhalb des Datumsbereichs
//Neujahr
if (($mon == 12 && $tag >= 29) ||
    ($mon == 1  && $tag <= 2)) {
  wp_enqueue_style('timeBase',
         bloginfo('stylesheet_directory').'/neujahr.css',
         '', '1.0', 'screen');
}
//Valentinstag
if ($mon == 2 && ($tag >= 13 && $tag <= 14) ||
    ($mon == 1  && $tag <= 2)) {
  wp_enqueue_style('timeBase',
         bloginfo('stylesheet_directory').'/valentin.css',
         '', '1.0', 'screen');
}
//Urlaub
if ($mon == 7 && ($tag >= 13 && $tag <= 27) ||
    ($mon == 1  && $tag <= 2)) {
  wp_enqueue_style('timeBase',
         bloginfo('stylesheet_directory').'/urlaub.css',
         '', '1.0', 'screen');
}
//Halloween
if ($mon == 10 && $tag >= 28 && $tag <= 31) ||
    ($mon == 1  && $tag <= 2)) {
  wp_enqueue_style('timeBase',
         bloginfo('stylesheet_directory').'/halloween.css',
         '', '1.0', 'screen');
}
//Weihnachten
if ($mon == 12 && ($tag >= 11 && $tag <= 26)) {
  wp_enqueue_style('timeBase',
         bloginfo('stylesheet_directory').'/advent.css',
         '', '1.0', 'screen');
}
}
//Aktion aktivieren
add_action('wp_print_styles', 'timeBasedCSS');
?>
```

2.3.3 Tweak #13: Eine besondere Formatierung für Artikel einer bestimmten Kategorie erstellen

Unterstützt von:

Aufgabe:

Wir möchten für alle Artikel einer bestimmten Kategorie ein besonderes Format erstellen. Diese Artikel sollen in der normalen Liste der Artikel hervorgehoben werden.

Gefahren:

keine

WordPress-Datei:

style.css
Alle Dateien, die einen Loop enthalten.

Neue Dateien:

keine

Sie suchen in der entsprechenden Datei, nach der Zeile, in der ein Post beginnt, normalerweise ist dies der HTML-Tag `<div class="post">`. Diese Zeile ersetzen Sie mit dem folgenden Code. Die Zahl bei `in_category()` ist die ID der hervorzuhebenden Kategorie. Diese Nummer finden Sie im Back-End bei der Kategorieverwaltung. Sobald Sie bei einer Kategorie mit der Maus über den Link Bearbeiten fahren, sehen Sie in der Statuszeile am Ende die `tag_ID`. Sobald dies erledigt ist, können Sie den Stil im Stylesheet anlegen.

```
...
<?php if (in_category('9')) { ?>
  <div class="post cat-9">
<?php } else { ?>
  <div class="post">
<?php } ?>
...
```

2.3.4 Tweak #14: Einen einzelnen Post hervorheben

Unterstützt von:

Aufgabe:
Wir wollen einen einzelnen Artikel besonders hervorheben.

Gefahren:
keine

WordPress-Datei:
Alle Dateien, die Posts darstellen.

Neue Dateien:
keine

In der entsprechenden Datei des Themas suchen Sie die Zeile, die den Anfang eines Artikels markiert. Dies ist normalerweise `<div class="post">`. Ersetzen Sie die betreffende Zeile durch die folgende Codezeile:

```
<div class="post post-<?php echo the_ID(); ?>">
```

Dadurch legen Sie für den Artikel eine neue CSS-Klasse mit der ID, also der eindeutigen Nummer eines Artikels, fest. Diese Klasse müssen Sie jetzt nur mehr in Ihrem Stylesheet (normalerweise *style.css*) formatieren.

So sieht es im Front-End aus:

```
<div class="post post-106">
<div class="post post-94">
    <h3>
        <a rel="bookmark" href="http://localhost/wp30/?p=94"> Ein Tweak für den more-Tag </a>
    </h3>
    <div class="postContent">
    <div class="tags">
    <div class="postFooter">
</div>
```

Bild 2.7: Sie sehen im HTML-Code die einzelnen Klassen der Posts mit ihrer ID-Nummer.

2.3.5 Tweak #15: Die Länge des Auszugs eines Artikels (die Kurzversion) verändern

Unterstützt von:

Aufgabe:

Der automatische Textauszug für Post, wie er beispielsweise im Archiv angezeigt wird, ist zu lang. Der Auszug soll statt der ersten 55 Wörter nur die ersten 40 Wörter des Artikels anzeigen.

Gefahren:

Die Lesbarkeit des Blogs kann darunter leiden.

WordPress-Datei:

functions.php

Neue Dateien:

setExcerptLength.php

Mit der neuen Funktion können Sie die Anzahl der Wörter eines Auszugs verändern. Ist ein Auszug zu lang, wird automatisch [...] angehängt. Wie Sie diese Zeichen ändern können, zeigt der folgende Tweak Nummer 16.

```
<?php
/*********************
 * Funktion:    Aendern der Auszugslaenge (Archiv/Suche)
 * WordPress:   ab 2.8
 * Styles:      keine
 * Wirkung:     Front-End > Loop
 * Aufruf:      Filter
 *
 * Name:        setExcerptLength
 * Parameter:   $words integer
 *              Anzahl der Woerte im Auszug
 *              Standardwert ist: 40
 *              moegliche Werte: alle positiven Zahlen
 * Rueckgabe:   direkte Ausgabe des Resultats
 *********************/
```

```
function setExcerptLength($words = 40) {
  return $words;
}
//Filter aktivieren
add_filter('excerpt_length', 'setExcerptLength');
?>
```

2.3.6 Tweak #16: Die Auslassungszeichen beim Auszug eines Posts verändern

Unterstützt von:

Aufgabe:

Bei der Zusammenfassung (der Kurzversion) für einen Post wird am Ende immer die Zeichenfolge [...] dargestellt. Diese Zeichen sollen durch einen Text oder eine andere Zeichenfolge ersetzt werden.

Gefahren:

keine

WordPress-Datei:

functions.php

Neue Dateien:

setExcerptCaret.php

Die neue Funktion aktiviert diese Änderung. Die Zeichenfolge, die nach dem Befehl return steht, wird statt [...] eingefügt. Sie können sie Ihren Wünschen entsprechend anpassen.

```
<?php
/*********************
 * Funktion:   Aendern des Ausslassungszeichens eines
 *             Artikelauszugs (Archiv/Suche)
 * WordPress:  ab 2.9
 * Styles:     keine
 * Wirkung:    Front-End > Loop
 * Aufruf:     Filter
```

```
*
 * Name:       setExcerptCaret
 * Parameter: keine
 * Rueckgabe: direkte Ausgabe des Resultats
 ********************/
function setExcerptCaret() {
  //Den Text fuer das Auslassungszeichen
  //kann hier angepasst werden
  return '...';
}
//Aktiviert den Filter
add_filter('excerpt_more', 'setExcerptCaret');
?>
```

2.3.7 Tweak #17: Den Text des more-Tags manuell verändern

Unterstützt von:

Aufgabe:

Ich setze in meinen Artikeln immer wieder den more-Tag ein, um lange Artikel auf der Startseite zu unterbrechen. Diese Unterbrechung kennzeichnet WordPress immer mit einem Hyperlink und dem Wort weiterlesen. Ich möchte den Text des Hyperlinks ab und zu verändern.

Gefahren:

keine

WordPress-Datei:

keine

Neue Dateien:

keine

Um dies zu erreichen, müssen Sie während des Erstellens des Artikels in die HTML-Ansicht wechseln. Auch dort können Sie den more-Tag einfügen. Für einen eigenen Text schreiben Sie hinter dem Wort more ein Leerzeichen und den gewünschten Text.

> Genau zu diesem Zwecke erschaffen, immer im Schatten meines großen Bruders »Lorem Ipsum«, freue ich mich jedes Mal, wenn Sie ein paar Zeilen lesen. Denn esse est percipi - Sein ist wahrgenommen werden.
> <!--more Lies ruhig weiter...-->
> Und weil Sie nun schon die Güte haben, mich ein paar weitere Sätze lang zu begleiten, möchte ich diese Gelegenheit nutzen, Ihnen nicht nur als Lückenfüller zu dienen, sondern auf etwas hinzuweisen, das es ebenso verdient wahrgenommen zu werden: Webstandards nämlich.

So sieht es im Back-End aus:

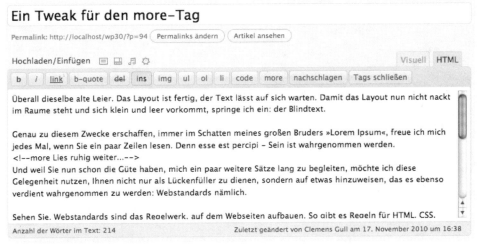

Bild 2.8: Im Editor können Sie den gewünschten Text direkt in der HTML-Ansicht eingeben.

So sieht es im Front-End aus:

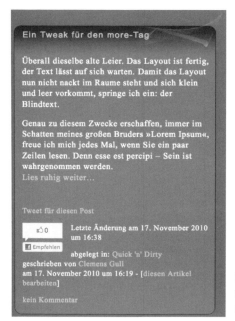

Bild 2.9: Der eingegebene Text innerhalb des more-Tags wird von WordPress bei der Artikelansicht angezeigt.

2.3.8 Tweak #18: Den Text des more-Tags für den gesamten Blog anpassen

Unterstützt von:

Aufgabe:

Statt des üblichen Textes »weiterlesen«, der erscheint, sobald ein more-Tag eingefügt wird, möchten wir persönlichen Text haben. Der Tweak #17 ist einerseits zu aufwendig, und andererseits müssen wir jeden Post manuell nachbearbeiten. Daher möchten wir den Text für alle Posts anpassen.

Gefahren:

keine

WordPress-Datei:

functions.php

Neue Dateien:

moreChangeText.php

Für diesen Tweak benötigen Sie folgende neue Funktion, die den more-Text mit Hilfe eines automatischen Filters austauscht.

```php
<?php
/*********************
 * Funktion:   Den Text im more-Tag austauschen
 * WordPress:  ab 2.8
 * Styles:     keine
 * Wirkung:    Front-End
 * Aufruf:     Filter
 *
 * Name:       moreChangeText
 * Parameter:  $mLink string
 *             Der Hyperlink des more-Tags
 *             $mText string
 *             Der Text des more-Tags
 * Rueckgabe:  string
 *             der angepasste more-Link
 *********************/
function moreChangeText($mLink, $mText) {
  //neuer more-Text
  $newText = 'bleib informiert - lies weiter';
  //more-Link zurueckgeben
  return str_replace($mText, $newText, $mLink);
}
//Filter aktivieren
add_filter('the_content_more_link', 'moreChangeText', 10, 2);
?>
```

So sieht es im Front-End aus:

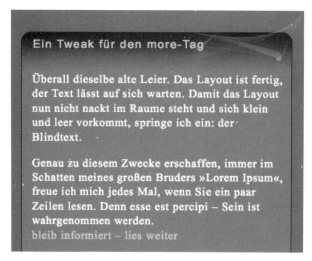

Bild 2.10: WordPress ersetzt durch den Filter den üblichen more-Text durch die neue Version.

2.3.9 Tweak #19: Entfernen der automatischen Hyperlinks in Kommentaren

Unterstützt von:

Aufgabe:
Sobald ein Benutzer in einem Kommentar eine URL angibt, wird diese von WordPress als Hyperlink formatiert. Diese automatische Funktion soll entfernt werden.

Gefahren:
keine

WordPress-Datei:
functions.php

Neue Dateien:
keine

In der Datei functions.php fügen Sie die folgenden Codezeilen ein, um die Autolinks zu entfernen:

```
/********************
 * Funktion:    AutoLinks in Kommentaren entfernen
 * WordPress:   alle
 * Styles:      ---
 * Wirkung:     Front-End
 * Aufruf:      WordPress-Filter
 *
 * Name:        ---
 * Parameter:   ---
 * Rueckgabe:   ---
 ********************/
remove_filter('comment_text', 'make_clickable', 9);
```

2.3.10 Tweak #20: Die in WordPress eingebaute Galerie aktivieren

Unterstützt von:

Aufgabe:

Seit Version 2.5 hat WordPress eine Bildergalerie eingebaut. Aber mein Theme beherrscht diese noch nicht. Wir suchen eine einfache Möglichkeit, die Galerie trotzdem zu benutzen.

Gefahren:

keine

WordPress-Datei:

single.php

Neue Dateien:

image.php

Für diesen Tweak müssen Sie zuerst die Datei single.php des aktiven Themas kopieren und mit dem Namen image.php benennen. Öffnen Sie diese neue Datei und suchen Sie den Befehl `the_content();`. Diesen müssen Sie nun durch den folgenden Quellcode ersetzen, und die Galerie ist aktiviert.

```
...
<p class="attachment">
<a href="<?php echo wp_get_attachment_url($post->ID); ?>">
  <?php echo wp_get_attachment_image($post->ID, 'medium'); ?>
</a>
</p>
<div class="caption">
<?php if (!empty($post->post_excerpt)) {the_excerpt();} ?>
</div>
<?php the_content(_e('Read More'); ?>
<div class="imgnav">
<div class="imgleft"><?php previous_image_link() ?></div>
<div class="imgright"><?php next_image_link() ?></div>
</div>
<br style="clear:all;" />
...
```

Damit die Galerie auch wirklich funktioniert, müssen Sie auch beim Erstellen eines Artikels die Galerie nach dem Hochladen der Bilder aktivieren und in den Artikel einfügen. Sie erreichen dies ganz einfach, indem Sie im Back-End mindestens zwei Bilder hochladen. Danach können Sie im Register *Galerie* in der *Mediathek* auf den Knopf *Galerie einfügen* klicken.

2.4 Zusätzliche Informationen für den Blog

2.4.1 Tweak #21: Bestimmte Informationen nur auf der Startseite anzeigen

Unterstützt von:

Aufgabe:

Wir wollen auf der Startseite bestimmte Informationen anzeigen. Aber dafür wollen wir keinen eigenen Artikel oder gar eine eigene Seite schreiben. Diese Informationen sollen auch nicht in der Suche, im Archiv oder in anderen Bereichen erscheinen.

Gefahren:
keine

WordPress-Datei:
index.php

Neue Dateien:
eine beliebige PHP-Datei

Sie fügen genau an der Stelle, an der die Informationen erscheinen sollen, folgende Zeilen ein:

```
<?php
  if (is_home()) {
    include ('neueDatei.php');
  }
?>
```

Die Datei mit dem Namen *neueDatei.php* (Sie können selbstverständlich auch einen anderen Namen verwenden) muss im Hauptverzeichnis von WordPress (wo Sie auch die Datei *index.php* finden) gespeichert werden.

Innerhalb dieser Datei können Sie alle PHP-Befehle verwenden, um die betreffenden Informationen anzuzeigen.

2.4.2 Tweak #22: Das letzte Änderungsdatum bei einem Post anzeigen

Unterstützt von:

Aufgabe:
Zum Erstellungsdatum eines Posts soll auch das Datum der letzten Änderung angezeigt werden. Das gilt aber nur, falls wirklich Änderungen am Artikel vorgenommen wurden und er unter einem neuen Datum gespeichert wurde. Die einzelnen Revisionen will ich dagegen nicht berücksichtigen.

Gefahren:
keine

WordPress-Datei:

functions.php

Alle Dateien, die einen Post anzeigen oder den Loop benutzen

Neue Dateien:

showChangeTime.php

Die neue Funktion gibt entweder das letzte Änderungsdatum und die Zeit aus oder zur weiteren Verarbeitung zurück. Durch den Vergleich mit der Erstellungszeit des Artikels wird nur bei aktualisierten Posts ein Wert erzeugt.

```php
<?php
/********************
 * Funktion:   Veroeffentlichungsdatum/-zeit des aktiven Posts
 *             in Sekunden der Unix-Epoche
 * WordPress:  alle
 * Styles:     keine
 * Wirkung:    Front-End > Posts im Loop
 * Aufruf:     Filter
 *
 * Name:       showChangeTime
 * Parameter:  $echo boolean
 *             Wie soll die Ausgabe erfolgen
 *             Standardwert ist: true
 *             moegliche Werte:  true .... Ausgabe der Zeit
 *                               false ... Rueckgabe der Zeit
 * Rueckgabe:  Direkte Ausgabe oder
 *             Rueckgabe der Aenderungszeit
 ********************/
function showChangeTime($echo = true) {
  //aktuelle Unix-Zeit in Sekunden
  $unixTime = get_the_time('U');
  //Aenderungsdatum/-zeit des aktiven Posts in Sekunden
  $unixModTime = get_the_modified_time('U');
  //Falls sich die beiden Zeiten unterscheiden,
  //wird das Aenderungsdatum ermittelt
  $changeTime = '';
  if($unixModTime != $unixTime) {
    $changeTime = the_modified_time('j. F Y \u\m G:i');
  }
  //Ausgabe oder Rueckgabe der Zeit
  if ($echo) {
    echo $changeTime;
  } else {
    return $changeTime;
```

```
    }
    }
?>
```

So sieht es im Front-End aus:

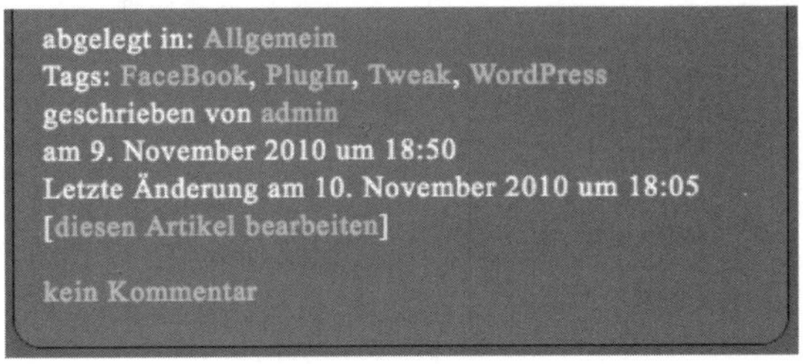

Bild 2.11: Der Bereich der Tags und Metainformationen für einen Post zeigt nun auch das letzte Änderungsdatum und die Zeit der letzten Änderung.

2.4.3 Tweak #23: Die Beschreibung einer Kategorie im Front-End anzeigen

Unterstützt von:

Aufgabe:
Im Back-End wird in der Kategorieverwaltung ein Datenfeld für die Beschreibung angezeigt. Werden hier Daten eingegeben, werden sie nirgendwo angezeigt. Das soll sich ändern.

Gefahren:
keine

WordPress-Datei:
Alle Dateien, die eine einzelne Kategorie anzeigen.

Neue Dateien:
keine

Dazu müssen Sie Dateien der Vorlage anpassen. Es sind vor allem jene Vorlagen interessant, die eine einzelne Kategorie anzeigen. In diesem Beispiel passen wir die Vorlage für die Ausgabe der Archive (normalerweise *archive.php*) an. Am Anfang steht eine

Kapitel 2: Einfache Tweaks

Befehlssequenz für das Erkennen der Archivart. Hier müssen Sie die Zeilen, die am Ende mit (1) und (2) markiert sind, einfügen. Speichern Sie die Kategoriebeschreibung.

```
...
if (have_posts()): //sind Posts vorhanden
  //Auswahl des Archivtyps
  //Falls keiner der folgenden Conditionals zutrifft
  $archType = __("Archive");
  $catInfo =""; //(1)
  if (is_category()) {
    $archType = __("Category", _NameSpace).": <em>".
                single_cat_title('', false)."</em>";
    $catInfo = "Beschreibung:<br/><small>".
                category_description()."</small>"; //(2)
  }
  if (is_tag()) {
    $archType = __("Tag", _NameSpace).": <em>".
                single_tag_title('', false)."</em>";
  }
...
```

Nun müssen Sie noch folgende Zeile, die mit (3) markiert ist, vor dem Loop einfügen:

```
...
  </h3>
  <p><?php echo $catInfo; //(3)
          echo $postsInfo; ?></p>
  <div class="postFooter"> </div>
  <?php while (have_posts()): the_post(); //Anfang Loop ?>
...
```

So sieht es im Back-End aus:

Bild 2.12: Im Back-End können Sie in der Kategorienverwaltung eine Beschreibung eingeben.

So sieht es im Front-End aus:

Bild 2.13: Durch die Anpassungen wird die Beschreibung der Kategorie im Archiv angezeigt.

2.4.4 Tweak #24:
Einen RSS-Feed für eine Kategorie erstellen

Unterstützt von:

Aufgabe:
Wir wollen für jede Kategorie einen eigenen RSS-Feed erstellen.

Gefahren:
keine

WordPress-Datei:
keine

Neue Dateien:
keine

Dies ist eine versteckte Funktion, die WordPress immer anbietet. Sie brauchen dazu nur die Webadresse für die passende Kategorie und hängen daran /feed an. Schon erhalten Sie den Feed für diese Kategorie, wie hier im Beispiel dargestellt.

```
http://www.guru-20.info/category/help/feed/
```

2.4.5 Tweak #25:
Einen RSS-Feed für die Kommentare eines Artikels erstellen

Unterstützt von:

Aufgabe:
Wir wollen für die Kommentare eines einzelnen Artikels einen RSS-Feed anbieten.

Gefahren:
keine

WordPress-Datei:
comments.php

Neue Dateien:
keine

Fügen Sie einfach an passender Stelle bei dem Template für die Kommentare (normalerweise ist dies die Datei *comments.php*) folgende Zeile ein:

```
...
<?php post_comments_feed_link("RSS-Feed der Kommentare"); ?>
...
```

2.4.6 Tweak #26: Die Anzahl der gefundenen Artikel in der Suchergebnisseite anzeigen

Unterstützt von:

Aufgabe:
Wenn der Benutzer nach einem Begriff sucht, sollen am Anfang der Resultate die Anzahl der gefundenen Artikel und die Suchbegriffe angezeigt werden.

Gefahren:
keine

WordPress-Datei:
search.php

Neue Dateien:
keine

Dafür müssen Sie einen Teil der Suchergebnisseite verändern. Am Besten suchen Sie in der Datei (in den meisten Themen hat sie den Namen *search.php*) nach der Zeile `if` (have_posts()): und fügen stattdessen folgende Zeilen ein. Diese geben Ihnen die gewünschte Information mit einer korrekten Mehrzahlbildung aus.

```
...
if (have_posts()): //Post(s) vorhanden
  //Festlegen der Anzahl der gefundenen Posts
  $postCount = $wp_query->post_count;
  //auf die Mehrzahl achten
  switch ($postCount) {
    case 1:
      $postInfo = sprintf("Es wurde nur ein Artikel f&uuml;r ".
                          "&raquo;%s&laquo;", $s);
      break;
    case 2:
      $postInfo = sprintf("Es wurden zwei Artikel f&uuml;r ".
                          "&raquo;%s&laquo;", $s);
      break;
    case 3:
      $postInfo = sprintf("Es wurde drei Artikel f&uuml;r ".
                          "&raquo;%s&laquo;", $s);
      break;
    default:
      $postInfo = sprintf("Es wurden %d Artikel f&uuml;r ".
                          "&raquo;%s&laquo;", $postCount, $s);
  }
?>
  <div class="searchHead">
    <h3 class="searchHead">
      <?php echo $postInfo; ?> gefunden
    </h3>
    <div class="postFooter"> </div>
  </div>
...
```

So sieht es im Front-End aus:

Bild 2.14: Die Anzahl und der Suchbegriff in der Ergebnisseite.

2.4.7 Tweak #27: Anzahl der Kommentare und die durchschnittliche Anzahl der Kommentare pro Post in der Seitenleiste anzeigen

Unterstützt von:

Aufgabe:

Für meine Leser wäre es interessant zu sehen, wie viele Kommentare schon geschrieben wurden. Zusätzlich könnte man auch die durchschnittliche Anzahl der Kommentare pro Post errechnen. Diese Information soll in der Seitenleiste als Widget erscheinen.

Gefahren:

keine

WordPress-Datei:

functions.php

sidebar.php

Neue Dateien:

showPostCommentCount.php

Mit der neuen Funktion können Sie genau diese Berechnungen durchführen und in der Seitenleiste ausgeben. Die Seitenleiste finden Sie in Ihrem aktiven Theme unter dem Dateinamen *sidebar.php*.

```
<?php
/*******************
 * Funktion:    Gesamtanzahl Kommentare und Kommentare/Post
 *              anzeigen
 * WordPress:   ab 2.5
 * Styles:      keine
 * Wirkung:     Front-End
 * Aufruf:      direkt
 *
 * Name:        showPostCommentCount
 * Parameter:   ---
 * Rueckgabe:   direkte Ausgabe
 *******************/
```

```
function showPostCommentCount() {
  //Anzahl der Posts
  $postsTotal     = wp_count_posts();
  //Veroeffentlichte Posts
  $postsPublished = $postsTotal->publish;
  //Anzahl der Kommentare
  $commentsTotal    = get_comment_count();
  //Genehmigte Kommentare
  $commentsApproved  = $commentsTotal['approved'];
  //durchschnittliche Kommentare
  $commentsPerPost = round($commentsApproved / $postsPublished).
                     ' Kommentar';
  if ($commentsPerPost != 1) {$commentsPerPost .= 'e';}
  echo '<li>Bei '.get_bloginfo('name').' wurden bis jetzt '.
       $commentsApproved.' Kommentare abgegeben. Da '.
       $postsPublished.' Artikel geschrieben wurden, sind '.
       'pro Post etwa '.$commentsPerPost.' geschrieben worden.'.
       '</li>';
}
?>
```

In der Seitenleiste *sidebar.php* tragen Sie die neue Funktion als Widget ein. Es ist immer gut, auf das Vorhandensein der Funktion zu prüfen, damit kein Fehler ausgegeben wird. Dies erledigt der PHP-Befehl `function_exists()` für uns.

```
<?php
//Falls die Funktion vorhanden ist
if (function_exists('showPostCommentCount')):
?>
  <li class="widget">
    <h2 class="widgettitle">Blog Infos</h2>
    <ul>
      <?php showPostCommentCount(); ?>
    </ul>
  </li>
<?php endif; ?>
```

So sieht es im Front-End aus:

Bild 2.15: Mit diesem Widget geben Sie zusätzliche Information über Ihren Blog aus.

2.4.8 Tweak #28: Die erlaubten Elemente für einen Kommentar anzeigen

Unterstützt von:

Aufgabe:

Wir wollen dem Benutzer alle möglichen Tags anzeigen, die er innerhalb eines Kommentars verwenden kann.

Gefahren:

keine

WordPress-Datei:

comments.php

Neue Dateien:

keine

Sie müssen nur ober- bzw. unterhalb des Eingabefeldes für den Kommentar den Befehl `allowed_tags()` einfügen. Sie sehen dies am folgenden Beispiel, in dem die Tags unterhalb des Eingabefeldes angezeigt werden.

```
...
<p>
    <label for="comment" id="labelComment">
```

```
   <?php _e('Reply', _NameSpace); ?>
</label>
<textarea name="comment" id="comment"
    cols="100%" rows="10" tabindex="4"></textarea>
<br/>
erlaubte Tags:<br/><code><?php echo allowed_tags(); ?></code>
</p>
...
```

So sieht es im Front-End aus:

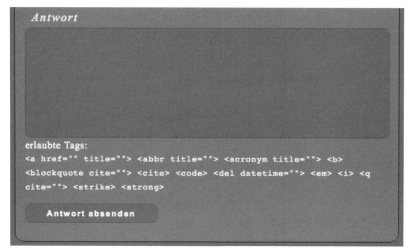

Bild 2.16: Die erlaubten Elemente werden unterhalb des Eingabefeldes vorformatiert angezeigt.

2.4.9 Tweak #29: Die Anzahl der Abonnenten des Feedburner-Feeds anzeigen

Unterstützt von:

Aufgabe:
Wir wollen die Anzahl der Abonnenten unseres Feedburner-Feeds im Blog anzeigen.

Gefahren:

Für diesen Tweak muss cURL[9] am Webserver installiert sein.

WordPress-Datei:

functions.php

Neue Dateien:

keine

Diese Funktion liest die XML-Datei, die von Feedburner zur Verfügung gestellt wird, aus und ermittelt die Anzahl der Abonnenten. Wichtig ist, dass Sie die richtige ID (Ihren Benutzernamen) von Feedburner bei `deine-ID` eintragen.

```
<?php
/********************
 * Funktion:    FeedBurner-Leser anzeigen
 *              cURL MUSS INSTALLIERT SEIN!
 *              deine-ID mit der FeedBurner ID ersetzen
 * WordPress:   alle
 * Styles:      keine
 * Wirkung:     Front-End
 * Aufruf:      direkt
 *
 * Name:        getFeedBurnerReader
 * Parameter:   ---
 * Rueckgabe:   direktes Aktivieren des CSS
 ********************/
function getFeedBurnerReader() {
  //URL zum Feed
  $fbUrl='https://feedburner.google.com/api/awareness/1.0/'.
        'GetFeedData?uri=deine-ID ';
  //cUrl initialisieren
  $cURL = curl_init();
  //cURL soll Daten senden, statt direkt ausgeben
  curl_setopt($cURL, CURLOPT_RETURNTRANSFER, 1);
        //URL an cURL uebergeben
  curl_setopt($cURL, CURLOPT_URL, $fbUrl);
  //Daten abholen
  $fbData = curl_exec($cURL);
  //Verbindung trennen
  curl_close($cURL);
  //XML verarbeiten
```

---

[9] Nähere Information zu cURL sind online unter *http://curl.haxx.se/* verfügbar.

```
  echo $fbData;
  $xml = new SimpleXMLElement($fbData);
  //Leseranzahl ermitteln
  $fbReaders = $xml->feed->entry['circulation'];
  //Wert zurueckgeben
  return $fbReaders;
}
?>
```

2.4.10 Tweak #30: Eine Anzeige bzw. einen Hinweis im RSS-Feed einfügen

Unterstützt von:

Aufgabe:

Innerhalb unseres RSS-Feeds soll ein Hinweis oder ein Inserat automatisch eingefügt werden.

Gefahren:

keine

WordPress-Datei:

functions.php

Neue Dateien:

createRSSFeedMessage.php

Dazu müssen wir nur den Inhalt der einzelnen Posts im Feed um unsere Nachricht ergänzen und über einen Filter wieder zur Verfügung stellen.

```
<?php
/*********************
 * Funktion:   Ein Inserat nach jedem Post einfuegen
 * WordPress:  alle
 * Styles:     keine
 * Wirkung:    Front-End > RSS-Feeds
 * Aufruf:     Filter
 *
 * Name:       createRSSFeedMessage
```

```
 * Parameter: $content string
 *            Der Inhalt eines Posts des Feeds
 * Rueckgabe: der geanderte Inhalt
 *********************/
function createRSSFeedMessage($content) {
  //Nachricht zum Post hinzufuegen
  $content .= '<p>Schau doch mal auf unserem '.
              '<a href="http://www.wprecipes.com">'.
              'T-Shirt Shop</a> vorbei!</p><hr />';
  //Den ergaenzten Inhalt zurueckgeben
  return $content;
}
//Filter fuer die Auszuege aktivieren
add_filter('the_excerpt_rss', 'createRSSFeedMessage');
//Filter fuer den Inhalt aktivieren
add_filter('the_content_rss', 'createRSSFeedMessage');
?>
```

So sieht es im Front-End aus:

Bild 2.17: Der um das Inserat ergänzte Feed.

2.4.11 Tweak #31: Eine Kopf- bzw. Fußzeile bei einem Post einfügen

Unterstützt von:

Aufgabe:

Wir wollen für jeden Artikel in der Einzelansicht entweder eine Kopfzeile oder eine Fußzeile einfügen. Dies soll aber automatisch geschehen und nicht bei jedem Neuerstellen manuell erledigt werden müssen.

Gefahren:

keine

WordPress-Datei:

functions.php

Neue Dateien:

showPostHeaderFooter.php

Die folgende Funktion erledigt diese Aufgabe mit einem Filter. Dadurch geschieht alles automatisch. Das einzige Problem ist die Entscheidung, ob eine Kopf- oder eine Fußzeile ergänzt werden soll. Dies können Sie jedoch mit einem benutzerdefinierten Feld innerhalb des Posts erledigen. Sobald Sie das Feld `header` anlegen, wird eine Kopfzeile erzeugt, sonst eine Fußzeile.

Soll eine Kopfzeile ausgegeben werden, wenn das Datenfeld `header` nicht vorhanden ist, setzten Sie ein Rufzeichen vor `$header` in der Zeile `if($header) {`. Dann wird WordPress den ersten Teil der Entscheidung ausführen, sofern das benutzerdefinierte Feld nicht angelegt ist.

```php
<?php
/*********************
 * Funktion:   Eine Kopf-/Fusszeile fuer einen Post erzeugen
 * WordPress:  alle
 * Styles:     keine
 * Wirkung:    Front-End > Posts
 * Aufruf:     direkt
 *
 * Name:       showPostHeaderFooter
 * Parameter:  $content string
 *                 Der Text des Posts
 *             $header
 *                 benutzerdefiniertes Feld des Posts
 * Rueckgabe:  string
 *                 angepasster Text des Posts
 *********************/
function showPostHeaderFooter($content) {
  //Nur fuer Posts in der Einzelansicht
  if(is_single()) {
    //Falls das benutzerdefinierte Feld header existiert,
```

2.4 Zusätzliche Informationen für den Blog

```php
      //eine Kopfzeile, sonst eine Fusszeile erzeugen
      $header = get_post_custom_values('header');
      if($header) {
        $content = '<p class="postHeader">Wenn Dir der Post '.
                   'hilft, schreibe ruhig einen Tweet!</p>'.
                   $content;
      } else {
        $content.= '<p class="postFooter">Wenn Dir der Post '.
                   'geholfen hat, lade mich doch auf einen '.
                   'Kaffee ein!</p>';
      }
    }
    //veraenderten Inhalt zurueckgeben
    return $content;
}
//Filter hinzufuegen
add_filter ('the_content', 'showPostHeaderFooter');
?>
```

So sieht es im Back-End aus:

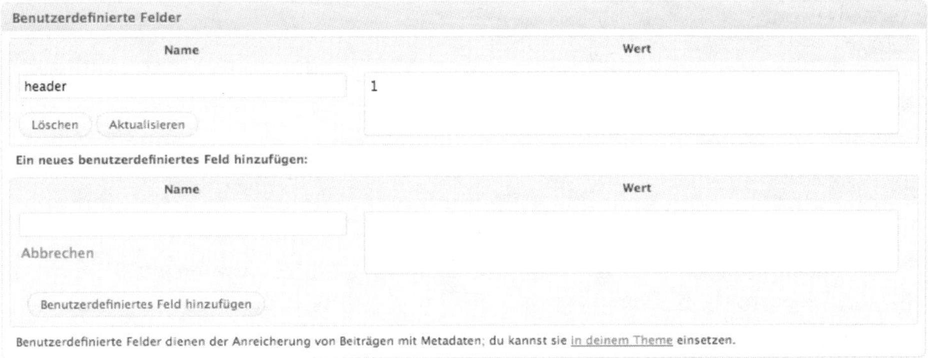

Bild 2.18: Im Back-End können Sie beim Erstellen des Artikels ein benutzerdefiniertes Feld `header` anlegen. Damit erscheint eine Kopfzeile in der Einzelansicht.

So sieht es im Front-End aus:

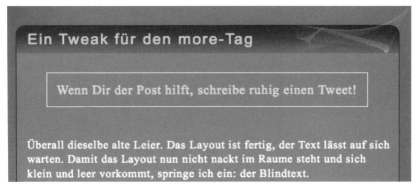

Bild 2.19: Mit dem erstellten Filter erzeugt WordPress automatisch eine Kopfzeile.

2.4.12 Tweak #32: Benutzerdefinierte Felder in einem Post ausgeben

Unterstützt von:

Aufgabe:

Wir verwenden in unserem Blog benutzerdefinierte Felder. Nun wollen wir diese in den einzelnen Posts anzeigen lassen, aber natürlich nur, falls wir auch eines der Felder definiert haben.

Gefahren:

Falls nicht beide Felder definiert wurden, kommt es zu fehlerhaften Ausgaben im Artikel.

WordPress-Datei:

functions.php

Neue Dateien:

userField_url.php

Dazu muss der Loop[10] in den jeweiligen Dateien des Templates angepasst werden. Innerhalb des Loops können Sie den Funktionsnamen eintragen; die Ausgabe wird nur erzeugt, falls Sie das erste benutzerdefinierte Feld beim Post angelegt haben.

Sie müssen die Werte für url und urlAnzeige in der zweiten und dritten Zeile des Quelltextes anpassen. Sie müssen genauso lauten, wie Sie die Felder beim Erstellen des Posts definiert haben. Die Funktion selbst definieren Sie wie immer in einer eigenen Datei.

```php
<?php
/********************
 * Funktion:    benutzerdefinierte Felder ausgeben
 * WordPress:   alle
 * Styles:      keine
 * Wirkung:     Front-End > Loop
 * Aufruf:      direkt
 *
 * Name:        userField_url
 * Parameter:   $post array
 *              der im Loop aktive Post
 * Rueckgabe:   direkte Ausgabe des Resultats
 ********************/
function userField_url($post) {
  //benutzerdefinierte Felder ermitteln
  $url     = get_post_meta($post->ID, 'url', true);
  $urlName = get_post_meta($post->ID, 'urlAnzeige', true);
  //Falls kein Name vergeben wurde, die URL verwenden
  if ($urlName == '') {$urlName = $url;}
  //Falls beide Werte vorhanden sind, diese ausgeben
  if ($url && $urlName) {
    echo '<p>Post gefunden bei <a href="'.$url.'" '.
         'target="_blank">'.$urlName.'</a></p>';
  }
}
?>
```

---

[10] Falls Ihnen der Begriff noch nichts sagt, finden Sie im Glossar in Kapitel 5 eine Erklärung dazu.

So sieht es im Back-End aus:

Bild 2.20: Der Post wird im Back-End erstellt. Unter dem Editor können Sie die einzelnen Felder wie gezeigt hinzufügen.

So sieht es im Front-End aus:

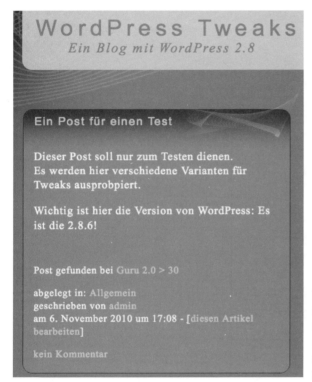

Bild 2.21: Zwischen dem eigentlichen Text des Artikels und den Tags sehen Sie die Zeile `Post gefunden bei...`, die durch den Tweak automatisiert erzeugt wurde.

2.4.13 Tweak #33: Die Information über die Anzahl der Abfragen und die Dauer für angemeldete Administratoren anzeigen

Unterstützt von:

Aufgabe:

In der Fußzeile des Front-Ends zeigt WordPress die Anzahl der durchgeführten SQL-Abfragen und die benötigte Zeit dafür an. Ich will dies nicht der ganzen Leserschaft zeigen. Aber angemeldete Administratoren sollen diese Information sehen.

Gefahren:
keine

WordPress-Datei:
functions.php

footer.php

Neue Dateien:
showQueries.php

```
<?php
/********************
 * Funktion:   Anzahl der SQL-Abfragen und die Dauer anzeigen
 *             Einschraenkung auf angemeldete Benutzer
 * WordPress:  ab 2.0.0
 *             Level-System ist ab 3.0 veraltet
 * Styles:     keine
 * Wirkung:    Front-End > footer.php
 * Aufruf:     direkt
 *
 * Name:       showQueries
 * Parameter:  ---
 * Rueckgabe:  direkte Ausgabe des Resultats
 ********************/
function showQueries() {
//User ermitteln
  if (current_user_can('Administrator') ||
      current_user_can('level_10')) {
    echo get_num_queries().' Abfragen in '.
        timer_stop(3).' Sekunden';
  }
}
?>
```

Normalerweise ist bereits eine Anfrage dieser Art in der Datei *footer.php* enthalten. An passender Stelle ersetzen Sie entweder die Zeile mit der Funktion `get_num_queries()` oder Sie fügen den Code neu ein.

```
<?php showQueries(); ?>
```

2.5 ShortCodes verwenden

2.5.1 Tweak #34:
Einen ShortCode für häufig verwendete Begriffe einsetzen

Unterstützt von:

Aufgabe:
Ich verweise immer wieder auf dieselbe Domäne. Diese jedes Mal in einem Post einzutippen und zu formatieren, ist sehr mühsam. Wenn man einen ShortCode verwenden kann, ist das schneller und komfortabler.

Gefahren:
keine

> **Tipp:**
> Wenn Sie eine WordPress-Version kleiner als 2.5 einsetzen, dann sollten Sie dringend ein Update durchführen. Einerseits ist diese Version nicht sehr sicher, andererseits wurden ShortCodes erst mit Version 2.5 eingeführt.

WordPress-Datei:
functions.php

Neue Dateien:
shortCode_g20.php

Dazu erstellen Sie die gezeigte neue Funktion. Natürlich können Sie die Werte an Ihre Erfordernisse anpassen. Der Hyperlink steht hinter dem Befehl return, und den verwendeten ShortCode finden Sie in der letzten Zeile als ersten Parameter. Nun können Sie in jedem Post [g20] eingeben, und WordPress ersetzt dieses Kürzel durch einen vollständig formatierten Link.

```
<?php
/*******************
 * Funktion:  URL als ShortCode in Posts verwenden
 * WordPress: ab 2.5
 * Styles:    keine
```

```
 * Wirkung:    Back-End > Editor
 *             Front-End > Posts
 * Aufruf:     [g20]
 *
 * Name:       shortCode_g20
 * Parameter:  -
 * Rueckgabe:  direkte Ausgabe des Resultats im Front-End
 *********************/
function shortCode_g20() {
  return '<a href="http://www.guru-20.info"
          title="Der Blog vom Guru 2.0"
          target="_blank">Guru 2.0</a>';
}
//Den ShortCode [g20] aktivieren
add_shortcode('g20', 'shortCode_G20);
?>
```

2.5.2 Tweak #35: Einen ShortCode für eine beliebige URL verwenden

Unterstützt von:

Aufgabe:

Ich will in meinen Posts einen ShortCode für eine URL einsetzen. Da sich diese aber immer wieder verändert, muss ich den Link als Parameter übergeben können.

Gefahren:

keine

> **Tipp:**
> Wenn Sie eine WordPress-Version kleiner als 2.5 einsetzen, dann sollten Sie dringend ein Update durchführen. Einerseits ist diese Version nicht sehr sicher, andererseits wurden ShortCodes erst mit Version 2.5 eingeführt.

WordPress-Datei:

functions.php

Neue Dateien:

shortCode_link.php

Mit der folgenden Funktion wird der ShortCode [link] mit allen Parametern ausgelesen und durch einen echten Hyperlink in der Anzeige des Posts ersetzt.

```
<?php
/********************
 * Funktion:    Einen ShortCode fuer Hyperlinks setzen
 * WordPress:   ab 2.5
 * Styles:      keine
 * Wirkung:     Back-End > Editor
 *              Front-End > Posts
 * Aufruf:      [link href="..." target="..."]Text[/link]
 *
 * Name:        shortcode_link
 * Parameter:   $args array
 *              Attribute, die mit [link] mitgegeben werden
 *              Das Array ist assoziativ
 *              href ist die URL, die verwendet werdenn soll
 *              Standardwert ist: 'http://www.guru-20.info'
 *              target ist das Zielfenster des Hyperlinks
 *              Standardwert ist: '_blank'
 *              $content string
 *              Inhalt des [link]-Elements
 *              Standardwert ist: 'Guru 2.0 > 3.0'
 * Rueckgabe:   direkte Ausgabe des Resultats im Front-End
 ********************/
function shortCode_link($args, $content = NULL) {
  //Falls href fehlt > Standardwert setzen
  if ($args['href'] == '') {
    $args['href'] = 'http://www.guru-20.info/';
  }
  //Falls target fehlt > Standardwert setzen
  if ($args['target'] == '') {
    $args['target'] = '_blank';
  }
  //Falls content fehlt > Standardwert setzen
  if (trim($content) == '') {
    $content = 'Guru 2.0 > 3.0';
  }
  //ShortCode zurueckgeben
  return '<a href="'.$args['href'].'" target="'.
         $args['target'].'" title="'.$content.
         '">'.$content.'</a>';
}
```

```
//ShortCode hinzufuegen
add_shortcode('link', 'shortCode_link');
?>
```

Nun können Sie im Editor Folgendes eingeben: `[link href="http://www.guru-20.info"]Guru 2.0[/link]`. Dadurch wird ein Hyperlink im Post erzeugt und in einem neuen Fenster geöffnet, sobald der Leser darauf klickt.

So sieht es im Back-End aus:

Bild 2.22: Im Editor können Sie den Hyperlink mit Parametern angeben.

So sieht es im Front-End aus:

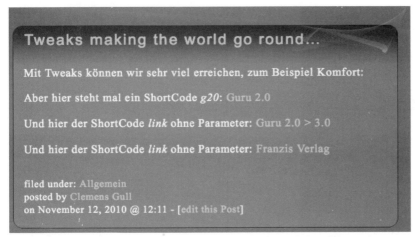

Bild 2.23: WordPress verändert den eingegebenen ShortCode bei der Anzeige des Posts in einen Hyperlink.

2.5.3 Tweak #36: Einen ShortCode für eine PayPal-Spende erstellen

Unterstützt von:

Aufgabe:

Wir wollen mit einem ShortCode ein vollständiges Element für eine PayPal-Spende auf unser Konto erzeugen.

Gefahren:
keine

WordPress-Datei:
functions.php

header.php

Neue Dateien:

shortCode_PayPal.php

styleShortCode_PayPal.css

Mit dem neuen ShortCode brauchen Sie beim Erstellen eines Artikels nur noch `[payPal]` eingeben, um den »Spendenaufruf« zu erzeugen. Vorher müssen Sie noch die `PayPal-ID` in der folgenden Funktion anpassen.

```php
<?php
/*********************
* Funktion:   PayPal-Spende als ShortCode in Posts verwenden
* WordPress:  ab 2.5
* Styles:     keine
* Wirkung:    Back-End > Editor
*             Front-End > Posts
* Aufruf:     [payPal]
*
* Name:       shortCode_PayPal
* Parameter:  -
* Rueckgabe:  direkte Ausgabe des Resultats im Front-End
*********************/
function shortCode_PayPal() {
  //den aktiven Post holen
  global $post;
  //Nachricht am Konto und Linktext
  $message = 'Hallo Guru! Ich lade Dich auf einen Kaffee ein!';
  //ID des PayPal Kontos
  $account = 'PayPal-ID';
  //Link zusammenstellen
  $link = '<a class="payPal" href="https://www.paypal.com/'.
          'cgi-bin/webscr?cmd=_xclick&business='.$account.
          '&item_name='.$message.'">'.$message.'</a>';
  //Link zurueckgeben
  return $link;
}
//den ShortCode aktivieren
add_shortcode('payPal', 'shortCode_PayPal');
?>
```

Damit der Link hervorgehoben ist, müssen Sie ein Stylesheet erstellen, das im `head`-Element des aktiven Themas aktiviert wird.

```css
/* Stylesheet fuer PayPal Link */
a.payPal {
  float: right;
  display: inline-block;
  width: 150px;
  height: 75px;
```

```
  margin: 5px 0px 0px 10px;
  padding: 5px 5px 2px 5px;
  border: 1px solid #FFFFFF;
  border-radius: 5px;
  -moz-border-radius: 5px;
  -webkit-border-radius: 5px;
  text-align: center;
}
a.payPal:hover {
  background-color: #009900;
  color: #FFFFFF !important;
}
```

So sieht es im Front-End aus:

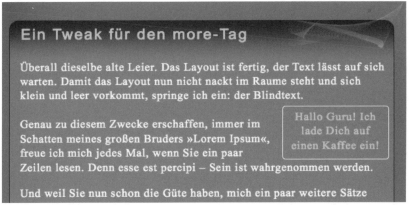

Bild 2.24: Sobald Sie alles fertiggestellt haben, können Sie den ShortCode benutzen. Sie sehen, wie der ShortCode durch einen Aufruf für eine Einladung zum Kaffee ersetzt wird. Sie können natürlich auch einen anderen Text in der Variablen $message verwenden.

2.6 Soziale Netzwerke und externe Daten verwenden

2.6.1 Tweak #37:
Einen Artikel per eMail versenden

Unterstützt von:

Aufgabe:

Wir wollen nach einem Artikel einen Hyperlink setzen, damit die Leser den Artikel per eMail versenden können.

Gefahren:

keine

WordPress-Datei:

functions.php

Alle Dateien, die einen Artikel anzeigen

Neue Dateien:

beSocial_Email.php

Die neue Funktion müssen Sie nur an passender Stelle in einer der Dateien aufrufen, die einen Artikel anzeigen (beispielsweise *single.php*).

```
<?php
/********************
 * Funktion:   Ausgabe eines Links fuer den eMail-Versand
 * WordPress:  ab 1.0
 * Styles:     keine
 * Wirkung:    Front-End > Loop
 * Aufruf:     direkt
 *
 * Name:       beSocial_Email
 * Parameter:  ---
 * Rueckgabe:  direkte Ausgabe des Resultats
 ********************/
function beSocial_Email() {
  //Text des Hyperlinks
  $lnkText = 'Sende diesen Post via eMail';
  //der aktive Post
  global $post;
  //der Titel
  $title = htmlspecialchars($post->post_title);
  //Betreff des eMails
  $subject = 'Ein interessanter Post bei '.
            htmlspecialchars(get_bloginfo('name')).': '.$title;
  //Nachricht der eMail
  $body = 'Schau Dir doch mal diesen Post an: '.$title.
          '! -- Du findest in direkt hier: '.
          get_permalink($post->ID);
  //Link fuer den Post
```

```
    $link = '<a rel="nofollow" href="mailto:?subject='.
            rawurlencode($subject).'&amp;body='.
            rawurlencode($body).'" title="'.$lnkText.
            ': '.$title.'">'.$lnkText.'</a>';
    //Link ausgeben
    echo $link;
}
?>
```

Der Aufruf in der entsprechenden Datei ist relativ einfach. An der passenden Position fügen Sie folgende Zeile ein.

```
...
<p>
  <?php beSocial_Email(); ?>
</p>
...
```

2.6.2 Tweak #38: Einen Post auf FaceBook teilen

Unterstützt von:

Aufgabe:

Am Ende eines Posts soll ein Knopf für FaceBook angezeigt werden. Bei einem Klick soll nur der Post auf FaceBook geteilt werden. Zusätzlich soll ausgewählt werden können, welche Art von Knopf angezeigt wird.

Gefahren:

Durch den Zugriff auf eine externe API kann die Darstellung der FaceBook-Knöpfe verzögert oder eventuell gar nicht erfolgen.

WordPress-Datei:

functions.php

Alle Dateien mit einem Loop, die einen Post anzeigen.

Neue Dateien:

beSocial_Facebook.php

Mit dieser Funktion können Sie alle Arten von FaceBook-Knöpfen anzeigen, indem Sie sie innerhalb des Loops bei einem Post aufrufen.

```php
<?php
/*********************
 * Funktion:   Ausgabe eines Share-Knopfes von FaceBook
 *             Falls mehrere Posts angezeigt werden, funktioniert
 *             nur der Knopf mit Zaehler
 * WordPress:  ab 1.0
 * Styles:     keine
 * Wirkung:    Front-End > Loop
 * Aufruf:     direkt
 *
 * Name:       beSocial_Facebook
 * Parameter:  $type string
 *             Art des Knopfes festlegen
 *             Standardwert ist: counter
 *             moegliche Werte:  counter ... Zaehler anzeigen
 *                               button  .... einfacher Knopf
 *                               icon    ...... nur FB-Symbol
 * Rueckgabe: direkte Ausgabe des Resultats
 *********************/
function beSocial_Facebook($type = 'counter') {
  //Permalink ermitteln
  $url = urlencode(get_permalink());
  /* Pruefen ob mehrere Artikel angezeigt werden
   * Durch das JavaScript bei den kleinen Knoepfen,
   * erzeugt FaceBook immer einen Link auf die Startseite.
   * Daher in dem Fall $type auf 'counter' umstellen.
   */
  if (!is_single() && !is_page()) {
    if ($type != 'counter') {$type = 'counter';}
  }
  //Art des Knopfes festlegen
  switch ($type) {
    case 'counter':
      $fbBtn = "<iframe src='http://www.facebook.com/plugins/".
               "like.php?href=".$url.
               "&amp;layout=box_count&amp;show_faces=true".
               "&amp;width=100&amp;action=recommend&amp;".
               "font=lucida+grande &amp;colorscheme=light&amp;".
               "height=65' scrolling='no' frameborder='0' ".
               "style='border:none; overflow:hidden;".
               "width:100px;height:65px;float:left;'".
               "allowTransparency='true'></iframe>";
    break;
```

2.6 Soziale Netzwerke und externe Daten verwenden

```
      case 'button':
      case 'icon':
        $fbBtn = "<div style='float:left; margin-right:10px;'>".
                 "<a name='fb_share' type='".$type."' ".
                 "href='http://www.facebook.com/sharer.php?u=".
                 $url."'>auf FaceBook teilen".
                 "</a><script src='http://static.ak.fbcdn.net/".
                 "connect.php/js/FB.Share' ".
                 "type='text/javascript'></script>".
                 "</div>";
      break;
  }
  //Ausgabe des Knopfes
  echo $fbBtn;
}
?>
```

So sieht es im Front-End aus:

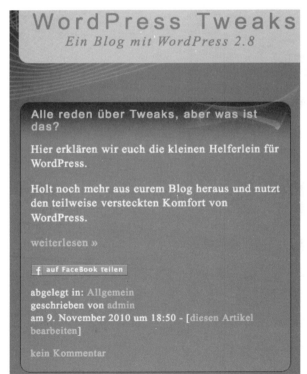

Bild 2.25: Ein persönlicher FaceBook-Knopf am Ende des Posts.

Bild 2.26: Darstellung der Empfehlungs-Knöpfe im Front-End: einmal mit bereits erfolgter Empfehlung, im zweiten Artikel wurde noch keine Empfehlung abgegeben.

2.6.3 Tweak #39: Einen Post bei Technorati speichern

Unterstützt von:

Aufgabe:

Wir hätten gerne am Ende jedes Posts einen Link, der diesen Post bei Technorati speichert.

Gefahren:

keine

WordPress-Datei:

functions.php

Alle Dateien mit einem Loop, die einen Post anzeigen.

Neue Dateien:

beSocial_Technorati.php

Diese Funktion können Sie einfach innerhalb des Loops bei einem Artikel verwenden. Dadurch wird ein Link erzeugt, der den Artikel mit seinem Titel bei Technorati speichert.

```
<?php
/*******************
 * Funktion:   Ausgabe eines Links fuer Technorati
 * WordPress:  ab 1.0
 * Styles:     keine
 * Wirkung:    Front-End > Loop
 * Aufruf:     direkt
 *
 * Name:       beSocial_Technorati
 * Parameter:  ---
 * Rueckgabe:  direkte Ausgabe des Resultats
 *******************/
function beSocial_Technorati() {
  //Permalink ermitteln
  $link = get_permalink();
  //Ausgabe des Links
```

```
    echo '<a href="http://technorati.com/faves?'.
        'sub=addfavbtn&add='.$link.
        '">Bei Technorati speichern</a>';
}
?>
```

2.6.4 Tweak #40: Einen Post beim Bookmarking-Service Delicious speichern

Unterstützt von:

Aufgabe:

Wir hätten gerne am Ende jedes Posts einen Link, der diesen Post bei Delicious speichert.

Gefahren:

keine

WordPress-Datei:

functions.php

Alle Dateien mit einem Loop, die einen Post anzeigen.

Neue Dateien:

beSocial_Delicious.php

Diese Funktion können Sie einfach innerhalb des Loops bei einem Artikel verwenden. Dadurch wird ein Link erzeugt, der den Artikel mit seinem Titel bei Delicious speichert.

```
<?php
/********************
 * Funktion:   Ausgabe eines Links fuer Delicious
 * WordPress:  ab 1.0
 * Styles:     keine
 * Wirkung:    Front-End > Loop
 * Aufruf:     direkt
 *
 * Name:       beSocial_Delicious
 * Parameter:  ---
```

2.6 Soziale Netzwerke und externe Daten verwenden

```
 * Rueckgabe: direkte Ausgabe des Resultats
 *******************/
function beSocial_Delicious() {
  //Permalink ermitteln
  $link = get_permalink();
  //Titel des Posts ermitteln
  $title = get_the_title();
  //Ausgabe des Links
  echo '<a href="http://delicious.com/post?url='.
      $link.'&title='.$title.
      '">Zu Delicious hinzuf&uuml;gen</a>';
}
?>
```

2.6.5 Tweak #41: Einen Post bei Digg speichern

Unterstützt von:

Aufgabe:
Wir hätten gerne am Ende jedes Posts einen Link, der diesen Post bei Digg speichert.

Gefahren:
keine

WordPress-Datei:
functions.php

Alle Dateien mit einem Loop, die einen Post anzeigen.

Neue Dateien:
beSocial_Digg.php

Diese Funktion können Sie einfach innerhalb des Loops bei einem Artikel verwenden. Dadurch wird ein Link erzeugt, der den Artikellink zu Digg überträgt.

```
<?php
/*******************
 * Funktion: Ausgabe eines Links fuer Digg
```

```
 * WordPress:   ab 1.0
 * Styles:      keine
 * Wirkung:     Front-End > Loop
 * Aufruf:      direkt
 *
 * Name:        beSocial_Digg
 * Parameter:   ---
 * Rueckgabe:   direkte Ausgabe des Resultats
 *********************/
function beSocial_Digg() {
  //Permalink ermitteln
  $link = get_permalink();
  //Titel des Posts ermitteln
  $title = get_the_title();
  //Ausgabe des Links
  echo '<a href="http://digg.com/submit?phase=2&url='.
       $link.'">Zu Digg hinzuf&uuml;gen</a>';
}
?>
```

2.6.6 Tweak #42: Einen Post bei StumbleUpon speichern

Unterstützt von:

Aufgabe:

Wir hätten gerne am Ende jedes Posts einen Link, der diesen Post bei StumbleUpon speichert.

Gefahren:

keine

WordPress-Datei:

functions.php

Alle Dateien mit einem Loop, die einen Post anzeigen.

Neue Dateien:

beSocial_StumbleUpon.php

Diese Funktion können Sie einfach innerhalb des Loops bei einem Artikel verwenden. Dadurch wird ein Link erzeugt, der den Permanentlink zu StumbleUpon überträgt.

```
<?php
/********************
 * Funktion:    Ausgabe eines Links fuer StumbleUpon
 * WordPress:   ab 1.0
 * Styles:      keine
 * Wirkung:     Front-End > Loop
 * Aufruf:      direkt
 *
 * Name:        beSocial_StumbleUpon
 * Parameter:   ---
 * Rueckgabe: direkte Ausgabe des Resultats
 ********************/
function beSocial_StumbleUpon() {
  //Permalink ermitteln
  $link = get_permalink();
  //Titel des Posts ermitteln
  $title = urlencode(get_the_title());
  //Ausgabe des Links
  echo '<a href="http://www.stumbleupon.com/submit?url='.
       $link.'" title="'.$title.
       '">Zu StumbleUpon hinzuf&uuml;gen</a>';
}
?>
```

2.6.7 Tweak #43: Einen Post bei Google Bookmarks speichern

Unterstützt von:

Aufgabe:

Wir hätten gerne am Ende jedes Posts einen Link, der diesen Post bei Google Bookmarks speichert.

Gefahren:

keine

WordPress-Datei:

functions.php

Alle Dateien mit einem Loop, die einen Post anzeigen.

Neue Dateien:

beSocial_Google.php

Diese Funktion können Sie einfach innerhalb des Loops bei einem Artikel verwenden. Dadurch wird ein Link erzeugt, der den Permanentlink und den Artikelauszug an Google Bookmarks überträgt.

```php
<?php
/********************
* Funktion:   Ausgabe eines Links fuer Google Bookmars
* WordPress: ab 1.0
* Styles:    keine
* Wirkung:   Front-End > Loop
* Aufruf:    direkt
*
* Name:      beSocial_Google
* Parameter: ---
* Rueckgabe: direkte Ausgabe des Resultats
********************/
function beSocial_Google() {
  //der aktive Post
  global $post;
  //Link fuer den Post
  $link = '<a href="http://www.google.com/bookmarks/mark?'.
          'op=edit&bkmk='.get_permalink().'&title='.
          the_title('', '', false).'&annotation='.
          get_the_excerpt();'" title="'.
          the_title('', '', false).' bei Google Bookmarks '.
          'speichern">Google Bookmarks</a>';
  //Link ausgeben
  echo $link;
}
?>
```

2.6.8 Tweak #44: Einen Post bei Mister Wong speichern

Unterstützt von:

Aufgabe:

Wir hätten gerne am Ende jedes Posts einen Link, der diesen Post bei Mr. Wong speichert.

Gefahren:

keine

WordPress-Datei:

functions.php

Alle Dateien mit einem Loop, die einen Post anzeigen.

Neue Dateien:

beSocial_MrWong.php

Diese Funktion können Sie einfach innerhalb des Loops bei einem Artikel verwenden. Dadurch wird ein Link erzeugt, der den Permanentlink zum Dienst Mister Wong überträgt.

```
<?php
/*******************
 * Funktion:   Ausgabe eines Links fuer Mister Wong
 * WordPress:  ab 1.0
 * Styles:     keine
 * Wirkung:    Front-End > Loop
 * Aufruf:     direkt
 *
 * Name:       beSocial_MrWong
 * Parameter:  ---
 * Rueckgabe:  direkte Ausgabe des Resultats
 *******************/
function beSocial_MrWong() {
  //der aktive Post
  global $post;
  //Link fuer den Post
```

```
  $link = '<a href="http://www.mister-wong.com/addurl/'.
          '?bm_url='.get_the_permalink().'&bm_description='.
          the_title('', '', false).'" title="'.
          the_title('', '', false).' bei Mister Wong '.
          'speichern">Mister Wong</a>';
  //Link ausgeben
  echo $link;
}
?>
```

2.6.9 Tweak #45: Einen Post auf Twitter teilen

Unterstützt von:

Aufgabe:

Wir hätten am Ende jedes Posts gerne einen Link, der diesen Post auf Twitter zur Verfügung stellt.

Gefahren:

Durch die Verwendung des Tweak #101 kann es zu Problemen mit der Performance kommen.

WordPress-Datei:

functions.php

Alle Dateien mit einem Loop, die einen Post anzeigen.

Neue Dateien:

beSocial_Twitter.php

Diese Funktion können Sie einfach innerhalb des Loops bei einem Artikel verwenden. Wichtig ist, dass Sie bereits den Tweak #101 realisiert haben, denn die Länge eines Tweaks ist auf 140 Zeichen beschränkt. Ist der Tweak nicht vorhanden, wird die lange URL des Posts verwendet.

```php
<?php
/*********************
 * Funktion:    Ausgabe eines Links fuer Twitter
 *              Es ist wichtig, dass eine gekuerzte URL angegeben
 *              wird. Denn die Laenge eines Tweets ist auf 140
 *              Zeichen beschraenkt.
 * WordPress:   ab 1.0
 * Styles:      keine
 * Wirkung:     Front-End > Loop
 * Aufruf:      direkt
 *
 * Name:        beSocial_Twitter
 * Parameter:   ---
 * Rueckgabe: direkte Ausgabe des Resultats
 *********************/
function beSocial_Twitter() {
  //URL des Posts
  $tiny   = get_permalink();
  //Falls der Tweak fuer die gekuerzten URLs vorhanden ist
  if (function_exists('makeTiny')) {
    $tiny   = makeTiny($tiny);
  }
  //Titel des Posts ermitteln
  $title  = the_title('', '', false);
  //Falls der Titel ein externer Link ist, diesen bereinigen
  if (strpos($title, '</a>')) {
    $title = substr($title, strpos($title,'>') + 1);
  }
  //Statusmeldung fuer Twitter erstellen
  $status = "Lese gerade: ".$title;
  //Zeichenanzahl der URL plus Formatierung
  $urlLen = strlen($tiny) + 6;
  //maximale Nachrichtenlaenge pruefen
  if (($urlLen + strlen($status)) > 140) {
    //maximal moegliche Laenge
    $maxLen = 140 - $urlLen;
    //Status kuerzen und Auslassungszeichen anfuegen
    $status = substr($status, $maxLen)."...";
  }
  //Status mit URL ergaenzen
  $status .= " - ".$tiny;
  //Ausgabe des Links
  echo '<a href="http://twitter.com/home?status='.$status.
```

```
              '" title="'.$title.' auf Twitter posten" '.
              'target="_blank" rel="external nofollow">'.
              'Tweet f&uuml;r diesen Post</a>';
}
?>
```

2.6.10 Tweak #46: Einen Knopf für einen Retweet bei TweetMeme anzeigen

Unterstützt von:

Aufgabe:

Wir wollen, dass ein Artikel retweetet werden kann. Damit sehen wir durch unseren Benutzernamen, wer über uns schreibt. Außerdem erhalten wir die Anzahl der Tweets zu einem bestimmten Artikel angezeigt.

Gefahren:

Aufgrund des Zugriffs auf eine externe JavaScript-Datei kann der Blog langsam werden.

WordPress-Datei:

functions.php

Alle Dateien, die einen Post anzeigen.

Neue Dateien:

beSocial_Twitter_ReTweet.php

Der Dienst TweetMeme bietet eine einfache Möglichkeit, diese Retweets zu erzeugen und auch gleich einen Knopf zu erzeugen. Dies nutzen wir in der neuen Funktion, die Sie nur mehr bei einem aktiven Artikel oder im Loop einbinden müssen.

```
<?php
/*********************
 * Funktion:   Ausgabe eines ReTweet-Knopfes mit Benutzername und *
Link zum Post
 * WordPress: alle
 * Styles:    keine
```

```
 * Wirkung:     Front-End > Loop
 * Aufruf:      direkt
 *
 * Name:        beSocial_Twitter_ReTweet
 * Parameter: $user string
 *              Benutzername bei Twitter
 *              Standardwert ist: ByteBros
 *              moegliche Werte: alle Twitter-Benutzernamen
 *              $type boolean
 *              Art des Knopfes
 *              Standardwert ist: large
 *              moegliche Werte:  large ... Anzahl der ReTweets
 *                                          als Sprechblase
 *                                tiny .... Anzahl der ReTweets
 *                                          im Knopf enthalten
 * Rueckgabe: je nach Parameter $type
 *********************/
function beSocial_Twitter_ReTweet($user = 'ByteBros',
                                  $type = 'large') {
  //Falls kein User angegeben ist, abbrechen
  if ($user == '') {return;}
  //Je nach Typ den passenden Knopf ausgeben
  if ($type == 'large') {
    echo '<script type="text/javascript">'.
         'tweetmeme_source = "'.$user.'";'.
         'tweetmeme_url = "'.get_permalink().'";'.
         '</script><script type="text/javascript" '.
         'src="http://tweetmeme.com/i/scripts/button.js">'.
         '</script>';
  } else {
    echo '<script type="text/javascript">'.
         'tweetmeme_style = "compact";'.
         'tweetmeme_source = "'.$user.'";'.
         'tweetmeme_url = "'.get_permalink().'";'.
         '</script><script type="text/javascript" '.
         'src="http://tweetmeme.com/i/scripts/button.js">'.
         '</script>';
  }
}
?>
```

So sieht es im Front-End aus:

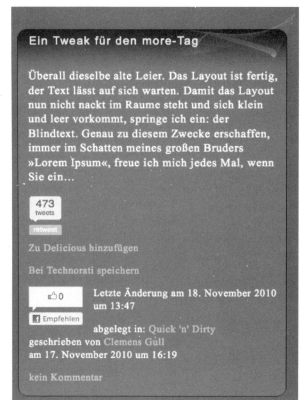

Bild 2.27: Der große Knopf zeigt sehr gut sichtbar die Anzahl der Tweets an.

Bild 2.28: Der kompakte Knopf ist gut für kurze Posts geeignet.

2.6.11 Tweak #47: Einen Besucher von Twitter besonders begrüßen

Unterstützt von:

Aufgabe:
Alle Besucher, die von Twitter kommen, sollen extra begrüßt werden.

Gefahren:
keine

WordPress-Datei:
Alle Dateien, die einen einzelnen Post anzeigen.

Neue Dateien:
keine

Dieser Tweak überprüft, ob ein Anwender direkt von Twitter auf der Seite gelandet ist. Dann können Sie ihn besonders begrüßen. Dieser Tweak lässt sich auch gut mit dem Tweak #46 kombinieren. Fügen Sie einfach die folgenden Zeilen an passender Stelle ein:

```
<?php
  if (strpos("twitter.com",$_SERVER[HTTP_REFERER])==0) {
    echo 'Hallo Twitterer!<br/>'.
        'Wenn Dir dieser Post hilft, retweete in ruhig!';
  }
?>
```

2.7 Zusätzliche Funktionen ohne Plug-Ins

2.7.1 Tweak #48:
Einen Link für die automatische Übersetzung durch GoogleTranslate erzeugen

Unterstützt von:

Aufgabe:
Wir wollen die Möglichkeiten von Google nutzen und unsere Seiten automatisch übersetzen lassen. Dazu wollen wir dem Leser einen Hyperlink zu Google Translate anbieten.

Gefahren:
keine

WordPress-Datei:
Alle Dateien, die den Übersetzungslink erhalten sollen

Neue Dateien:

keine

Dazu benötigen Sie pro Sprache eine einzelne Zeile Code. Das Entscheidende ist die Zeichenfolge langpair=de%7Cen. Damit legen Sie fest, von welcher Sprache in welche übersetzt wird. Hier ist es von Deutsch nach Englisch. Falls wir noch andere Kombinationen benötigen, finden wir sie in GoogleTranslate. Oder Sie ersetzen die Zwei-Buchstaben-Kombinationen durch andere Sprachen. Zum Beispiel ist Französisch fr, Italienisch it, Spanisch es oder Portugiesisch pt.

```
...
<a rel="nofollow" href="http://translate.google.com/translate?u=
<?php echo urlencode('http://'.$_SERVER['HTTP_HOST'].
$_SERVER['REQUEST_URI']); ?>&langpair=de%7Cen">&Uuml;bersetze diesen Post in
Englisch</a>
...
```

2.7.2 Tweak #49: Artikel nur für einen bestimmten Zeitraum anzeigen

Unterstützt von:

Aufgabe:

Ich möchte meine Artikel nicht nur ab einer bestimmten Zeit aktivieren, also in der Zukunft publizieren. Zusätzlich soll der Artikel nur bis zu einem bestimmten Datum aktiv sein und danach automatisch wieder aus meinem Blog verschwinden.

Gefahren:

keine

WordPress-Datei:

functions.php

Dateien, die den Loop verwenden

Neue Dateien:

checkPostDate.php

Für diesen Tweak benötigen wir wieder ein benutzerdefiniertes Feld beim Erstellen des Posts. Diesmal geben Sie das Ablaufdatum des Posts an.

Sie erstellen folgende Funktion und binden sie dann in der Datei *functions.php* ein. Der Tweak verlangt für einen zeitgesteuerten Artikel ein benutzerdefiniertes Feld mit dem Namen expires. Der Wert dieses Feldes ist das Ablaufdatum im deutschen Datumsformat, also tt.mm.jjjj. Falls Sie ein anderes Trennzeichen als den Punkt verwenden, können Sie ihn in der Zeile $datParts = explode(".", $dateTime[0]); anpassen.

```
<?php
/*********************
 * Funktion:   Posts auf Ablaufdatum pruefen
 * WordPress:  alle
 * Styles:     keine
 * Wirkung:    Back-End/Front-End
 * Aufruf:     direkt
 *
 * Name:       checkPostDate
 * Parameter:  keine (Funktion)
 *             indirekt ueber benutzerdef. Feld
 *             expires date
 *             Ablaufdatum im Format tt/mm/jjjj
 * Rueckgabe:  true .... Post soll angezeigt werden
 *             false ... Post wird nicht angezeigt
 *********************/
function checkPostDate() {
//benutzerdefiniertes Feld auslesen
    $exTime = get_post_custom_values('expires');
    if (is_array($exTime)) {
      //Ist das Feld vorhanden?
      $exString = implode($exTime);
      //*** deutsches Format: tt.mm.jjjj ss:mm (Anfang)
      //Feld in Datum und Zeit zerlegen
      $dateTime = explode(" ", $exString);
      //Datum in die Einzelwerte zerlegen
      $datParts = explode(".", $dateTime[0]);
      //europaeisches Datum in amerikanisches Umwandeln
      $exString = str_pad($datParts[1], 2, "0", STR_PAD_LEFT).
                  "/".
                  str_pad($datParts[0], 2, "0", STR_PAD_LEFT).
                  "/".
                  $datParts[2]." ".$dateTime[1];
      //*** deutsches Format: tt.mm.jjjj ss:mm (Ende)
      //Differenz in Sekunden ermitteln
```

```
      $seconds = strtotime($exString) - time();
    } else {
      //Das Feld ist nicht vorhanden, den Post immer ausgeben
      $seconds = 1;
    }
    //Resultat ausgeben
    if ($seconds > 0) {
      return true;
    } else {
      return false;
    }
}
?>
```

Nun muss noch der Loop angepasst werden, damit er das Ablaufdatum erkennt und die Posts nicht anzeigt. Dies geschieht am Anfang und am Ende des Loops. Sie erkennen die neuen Zeilen an dem Funktionsnamen checkPostDate().

```
...
<?php
  while (have_posts()): //Anfang des Loops
    the_post();
    //Pruefen ob das Ablaufdatum vorbei ist
    if (checkPostDate()):
?>
//Hier ist normalerweise der Quellcode des Loops
<?php
    endif; //checkPostDate
  endwhile; //Ende des Loops
?>
...
```

So sieht es im Back-End aus:

Bild 2.29: Im Back-End können Sie unterhalb des Editors für den Artikeltext ein benutzerdefiniertes Feld expires anlegen. Als Wert geben Sie das Datum und die Zeit an, ab welchem der Artikel nicht mehr angezeigt werden soll.

2.7.3 Tweak #50: Artikel einer bestimmten Kategorie von der Anzeige auf der Startseite ausschließen

Unterstützt von:

Aufgabe:

Auf der Startseite des Blogs sollen grundsätzlich alle Artikel erscheinen. Aber eine bestimmte Kategorie soll ausgeschlossen werden, denn diese ist für andere Zwecke vorgesehen.

Gefahren:

Manche Einstellungen von WordPress, zum Beispiel die Anzahl der anzuzeigenden Artikel, können ignoriert werden.

WordPress-Datei:

Alle Dateien, die den Loop verwenden

Neue Dateien:

keine

Dazu fügen Sie vor dem Loop eine Zeile ein, die den Abfragestring der Posts verändert und die Kategorie aus der Liste entfernt. Wollen Sie mehrere Kategorien ausschließen, dann können Sie die Kategorie-IDs durch Kommas trennen. Wie Sie die IDs herausfinden, ist im Tweak #53 beschrieben.

```
...
//Anfang des Loops
<?php
//Festellen, ob eine bestimmte Seite in der Liste der Posts
//aufgerufen wurde. Falls nicht, die erste Seite verwenden
$page = (get_query_var('paged')) ? get_query_var('paged') : 1;
//Kategorie mit der ID 9 entfernen
query_posts('paged=$page&cat=-9');
//Der Beginn des Loops
if (have_posts()): while (have_posts()): the_post();
...
```

2.7.4 Tweak #51: Die Ausgabe des Artikels über ein benutzerdefiniertes Feld steuern

Unterstützt von:

Aufgabe:

Ich will über ein benutzerdefiniertes Feld beim Artikel steuern, ob ein Auszug oder der gesamte Artikel ausgegeben wird.

Gefahren:
keine

WordPress-Datei:
functions.php

Alle Dateien, die einen Loop enthalten.

Neue Dateien:
userFieldPostDisplay.php

Über das Feld `display` und den Wert `short` kann die Ausgabe des Artikels gesteuert werden. Bei dieser Eingabe wird der Artikel nur als Auszug angezeigt. Geben Sie einen anderen Wert als `short` an oder lassen Sie das Feld komplett weg, so wird der gesamte Artikel angezeigt.

```php
<?php
/*********************
 * Funktion:   benutzerdefiniertes Feld verwenden, um den
 *             gesamten Post oder nur den Auszug anzuzeigen
 * WordPress:  alle
 * Styles:     keine
 * Wirkung:    Front-End > komplett
 * Aufruf:     direkt
 *
 * Name:       userFieldPostDisplay
 * Parameter:  ---
 * Rueckgabe:  direkteAusgabe
 *********************/
function userFieldPostDisplay() {
  //benutzerdefiniertes Feld holen
  $dispField = get_post_custom_values("display");
  //Wenn der Wert short ist
  if ($dispField[0] == 'short') {
    echo the_excerpt();
  } else {
    //sonst denn ganzen Inhalt anzeigen
    echo the_content();
  }
}
?>
```

Jetzt müssen Sie noch den Loop anpassen und den Befehl `the_content()` durch den Namen der neuen Funktion `userFieldPostDisplay()` ersetzen.

2.7.5 Tweak #52:
Artikel mit bestimmten Kriterien von der Anzeige auf der Startseite ausschließen

Unterstützt von:

Aufgabe:

Sie möchten manche Artikel nicht auf der Startseite anzeigen. Da diese Posts nicht nur durch die Kategorie gefiltert werden können, reicht hier der Tweak #50 nicht aus.

Gefahren:

keine

WordPress-Datei:

Alle Dateien, die den Loop verwenden

Neue Dateien:

showPostExclude.php

Nehmen wir an, Sie wollen Posts in der Kategorie mit der ID 9 ausschließen. Aber zusätzlich soll am Anfang des Titels noch der Text `'wird bearbeitet'` stehen. Dazu brauchen Sie folgende neue Funktion:

```
<?php
/********************
 * Funktion:   Posts mit bestimmten Kriterien ausschliessen
 * WordPress:  alle
 * Styles:     keine
 * Wirkung:    Front-End > Posts
 * Aufruf:     direkt
 *
 * Name:       showPostExclude
 * Parameter:  $catID    integer
 *                       ID der auszuschliessenden Kategorie
 *             $titStart string
 *                       Wortlaut am Anfang des Post-Titels
 * Rueckgabe:  true .... Post soll angezeigt werden
 *             false ... Post wird nicht angezeigt
 ********************/
```

```php
function showPostExclude($catID, $titStart) {
  //Titel des aktiven Posts
  $title = strtolower(the_title('', '', false));
  //Suchkriterium
  $suche = strtolower($titStart);
  if (in_category($catID) &&
      (0 === strpos($title, $suche)) ) {
    return true;
  } else {
    return false;
  }
}
?>
```

Diese neue Funktion verwenden Sie jetzt direkt nach dem Anfang des Loops. Der Vorteil dieser Lösung ist, dass alle Einstellungen von WordPress (etwa: die Anzahl der zu zeigenden Artikel) berücksichtigt werden. Damit die Anzahl der Posts stimmt, brauchen wir zwei Loops.

```php
...
//Anfang des "normalen" Loops
while (have_posts()){
  //Post aktivieren
  the_post();
  //Die entsprechenden Posts ausschliessen
  if (showPostExclude(9, 'wird bearbeitet')) {
      //Falls der Post entspricht, den Postzaehler erhoehen
      $wp_query->post_count++;
      continue;
  }
}
//Der neue Loop mit angepasstem Postzaehler und Posts
$qryPosts = new WP_Query($query_string.'&showposts='.
                        $wp_query->post_count);
//Loop durchlaufen und Posts diesmal anzeigen
while ($qryPosts->have_posts() ):
  //Post aktivieren
  $qryPosts->the_post();
  //nochmals dieselben Posts ausschliessen
  if (showPostExclude(9, 'wird bearbeitet')) {continue;}
  //Hier kommt jetzt der Rest des Loops
  ...
endwhile;
...
```

2.7.6 Tweak #53: Bestimmte Kategorien von der Liste der Kategorien in der Seitenleiste ausschließen

Unterstützt von:

Aufgabe:

Sie wollen in der Seitenleiste zwar die Kategorienauflistung anzeigen, aber es sollen manche von ihnen ausgeschlossen werden.

Gefahren:

keine

WordPress-Datei:

sidebar.php

Neue Dateien:

keine

Sie dürfen dazu nicht das Widget im Back-End in die Seitenleiste ziehen, sondern müssen die Datei direkt anpassen. Bedingt durch das Format Ihres Templates, kann es notwendig sein, das Widget von Hand zu formatieren, also den Titel extra auszugeben. Sie finden im folgenden Quellcode auch, wie man die Titelausgabe des Widgets unterdrückt. Die Nummern der Kategorien (hier 1 und 9) finden Sie in der Verwaltung im Back-End.

```
...
    <div class="sidebar">
      <ul>
        <li class="widget">
          <h2 class="widgettitle">Kategorien</h2>
          <ul>
            <?php
            //Kategorien ohne Nr 1. & 9. ausgeben
            wp_list_categories(array(
                            'exclude'=>'1, 9',
                            'title_li'=>''
                            )
                    );
```

```
            ?>
        </ul>
    </li>
...
```

So sieht es im Back-End aus:

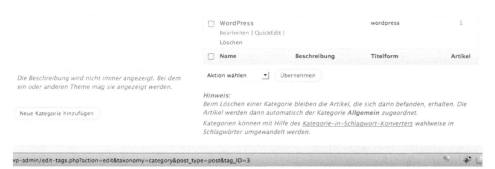

Bild 2.30: Sobald Sie über den Link Bearbeiten bei einer Kategorie mit der Maus fahren, sehen Sie in der Statuszeile am Ende die tag_ID.

So sieht es im Front-End aus:

Bild 2.31: So sieht das Widget im Originalzustand aus. Es werden alle vorhandenen Kategorien angezeigt.

Bild 2.32: So sieht das manuelle Widget aus, sobald die beiden Kategorien ausgeschlossen werden.

2.7.7 Tweak #54: Für jede Kategorie eine bestimmte Anzahl von Artikeln pro Seite anzeigen

Unterstützt von:

Aufgabe:
Je nachdem, welche Kategorie angezeigt wird, soll WordPress eine bestimmte Anzahl von Artikeln pro Seite anzeigen. Wir wollen aber nicht den Standard für den gesamten Blog verwenden, sondern je nach Kategorie eine eigene Zahl festlegen.

Gefahren:
keine

WordPress-Datei:
functions.php

Neue Dateien:
showPostPerCategory.php

Durch diese neue Funktion wird die Anzahl der Posts je Kategorie angepasst. Die Anzahl der Artikel pro Seite ist immer als Zahl in den einzelnen Entscheidungen angegeben. Sie können das natürlich ändern. Die Kategorienamen müssen Sie für Ihren Blog anpassen und in Kleinbuchstaben schreiben.

```
<?php
/*******************
 * Funktion:    Am meisten kommentierte Posts anzeigen
 * WordPress:   ab 1.5
 * Styles:      keine
 * Wirkung:     Front-End > Kategorienansicht
 * Aufruf:      Action
 *
 * Name:        showPostPerCategory
 * Parameter:   ---
 * Rueckgabe:   direkte Aenderung des Wertes
 *******************/
function showPostPerCategory() {
  //Standardanzahl festlegen
```

114 Kapitel 2: Einfache Tweaks

```
$pagePosts = 10;
//Name der Kategorie festlegen
$category = get_category(get_query_var('cat'), false);
$catName = strtolower($category->name);
//Auswaehlen der aktiven Kategorie und Anzahl festlegen
switch ($catName) {
  case 'tweaks':
    set_query_var('posts_per_page', 20);
    break;
  case 'wordpress':
    set_query_var('posts_per_page', 10);
    break;
  case 'anleitungen':
    set_query_var('posts_per_page', 5);
    break;
  default:
    set_query_var('posts_per_page', $pagePosts);
  }
}
//Action hinzufuegen
add_action('pre_get_posts', 'showPostPerCategory');
?>
```

2.7.8 Tweak #55: Den Code für Google-Analytics automatisch einbauen

Unterstützt von:

Aufgabe:

Da ich *Google-Analytics* für die Analyse meiner Webseiten verwende, möchte ich es auch für meinen Blog einsetzen. Wir versuchen hier, den dafür notwendigen Sourcecode einfach einzubauen.

Gefahren:

keine

WordPress-Datei:

functions.php

Neue Dateien:

addAnalytics.php

Mit der folgenden Funktion wird *Google-Analytics* in der Fußzeile des Blogs aktiviert. Bevor Sie die Funktion aktivieren, müssen Sie noch den Wert Deine-Analytics-ID im Code durch Ihre echte ID ersetzen.

```php
<?php
/*******************************
 * Funktion:    Google-Analytics aktivieren und
 *              in der Fusszeile einfuegen
 * WordPress:   alle
 * Styles:      ---
 * Wirkung:     Front-End > Footer
 * Aufruf:      Action
 *
 * Name:        addAnalytics
 * Parameter:   intern
 *              Deine-Analytics-ID ersetzen!!
 * Rueckgabe:   ---
 ********************************/
function addAnalytics() {
       echo '<script src="http://www.google-analytics.com/'.
            'ga.js" type="text/javascript"></script>'.
            '<script type="text/javascript">'.
              'var pageTracker = _gat._getTracker("'.
              'UA-Deine-Analytics-ID");'.
              'pageTracker._trackPageview();'.
            '</script>';
}
add_action('wp_footer', 'addAnalytics');
?>
```

2.7.9 Tweak #56: Die Sortierung der Kommentare ändern

Unterstützt von:

Aufgabe:
Ich will die Sortierung der Kommentare im Widget vertauschen.

Gefahren:
keine

WordPress-Datei:
comments.php

Neue Dateien:
keine

> **Tipp:**
> Wenn Ihr Thema bereits die neue Kommentarfunktion einsetzt, können Sie diesen Befehl nicht umsetzen.

Suchen Sie in der Datei für die Kommentare nach der Zeile `foreach ($comments as $comment) {`. Genau vor dieser Zeile fügen Sie die folgende Zeile ein:

```
...
$comments = array_reverse($comments);
foreach ($comments as $comment) {
...
```

Falls Ihr Thema bereits die neue Kommentarfunktion verwendet, suchen Sie nach der Zeile, in der Sie den Befehl `wp_list_comments()` finden. Diesen Befehl ersetzen Sie durch den folgenden:

```
...
<ul class="commentlist">
<?php wp_list_comments('reverse_top_level=true'); ?>
</ul>
...
```

2.7.10 Tweak #57: Alle Widgets auf der Seitenleiste deaktivieren

Unterstützt von:

2.7 Zusätzliche Funktionen ohne Plug-Ins

Aufgabe:
Wir möchten gerne auf der Startseite alle Widgets deaktivieren.

Gefahren:
Dies funktioniert nur bei Widgets, die über das Back-End aktiviert wurden. Alle Widgets, die direkt in der Datei *sidebar.php* erstellt wurden, bleiben erhalten.

WordPress-Datei:
functions.php

Neue Dateien:
keine

Da die Widgets in einem Array verwaltet werden, reicht es, wenn Sie eine Funktion erstellen, die dieses Array entleert. Die Funktion selbst können Sie über einen Filter aktivieren.

```php
<?php
/*******************
 * Funktion:    Alle Widgets deaktivieren
 *              Betrifft nur die Widgets, welche ueber das
 *              Back-End aktiviert wurden
 * WordPress:   alle
 * Styles:      keine
 * Wirkung:     Front-End > Seitenleiste
 * Aufruf:      direkt
 *
 * Name:        sideBarDisableWidgets
 * Parameter:   ---
 * Rueckgabe:   direkt
 *******************/
function sideBarDisableWidgets($sidebars_widgets) {
  //nur fuer die Startseite
  if (is_home() || is_front_page()) {
    //Array entleeren
    $sidebars_widgets = array(false);
  }
  //Leeres Array zurueckgeben
  return $sidebars_widgets;
}
//Filter aktivieren
add_filter( 'sidebars_widgets', 'sideBarDisableWidgets' );
?>
```

2.8 Die Sicherheit von WordPress verbessern

2.8.1 Tweak #58:
Durch das Unterdrücken der Fehlermeldung beim Anmelden für mehr Sicherheit sorgen

Unterstützt von:

Aufgabe:

Durch die genaue Fehlermeldung beim Anmeldevorgang erhalten unberechtigte Personen einen Hinweis darauf, was sie falsch gemacht haben – also ob der Benutzername oder das Passwort falsch ist. Es ist für sie schon leichter, unbefugt in das System einzudringen, wenn sie erkennen, ob nur der Benutzername oder das Passwort falsch ist. Daher wollen wir diese Meldung unterdrücken.

Gefahren:

Normale Benutzer erhalten keinen genauen Hinweis auf den Fehler.

WordPress-Datei:

functions.php

Neue Dateien:

keine

Durch das Einbauen eines Filters in die benutzerdefinierten Funktionen können Sie die Fehlermeldung verändern. Der letzte Parameter in der Zeile gibt den Text für die Fehlermeldung vor.

```
/********************
 * Funktion:   Fehlermeldung fuer falsche
 *             Anmeldungen unterdruecken
 * WordPress:  ab 2.1
 * Styles:     ---
 * Wirkung:    Back-End
 * Aufruf:     WordPress-Filter
 *
 * Name:       removeError
 * Parameter:  ---
```

2.8 Die Sicherheit von WordPress verbessern

```
 *    Rueckgabe: string
 *               Fehler
 *******************/
add_filter('login_errors',
           create_function('$removeError', "return 'Fehler';"));
```

So sieht es im Back-End aus:

Bild 2.33: Bei einer falschen Eingabe wird nur mehr das Wort `Fehler` angezeigt.

2.8.2 Tweak #59: Die CSS-Klassen für den Administrator in den Kommentaren entfernen

Unterstützt von:

Aufgabe:
Um die Sicherheit des Blogs zu erhöhen, möchte ich alle CSS-Klassen in den Kommentaren entfernen, die auf den Administrator hinweisen.

Gefahren:
Das Design des Blogs kann sich verändern.

WordPress-Datei:

functions.php

Neue Dateien:

showPostRemoveAdminClass.php

Durch diese Funktion werden alle von WordPress zugewiesenen Klassen eines Kommentars durchlaufen. Sobald die Funktion auf einen Stil mit dem Wort *admin* trifft, wird er entfernt.

```php
<?php
/*********************
 * Funktion:   Alle CSS-Klassen des Administrators aus den
 *             Kommentaren entfernen
 * WordPress:  alle
 * Styles:     keine
 * Wirkung:    Front-End > Kommentar-Loop
 * Aufruf:     direkt
 *
 * Name:       showPostRemoveAdminClass
 * Parameter:  $classes array
 *             enthaelt die verwendeten Klassen des Kommentars
 * Rueckgabe:  bereinigtes Array
 *********************/
function showPostRemoveAdminClass($classes) {
  //durch alle Klassen des Kommentars iterieren
      foreach($classes as $key=>$class) {
         //Steckt das Wort admin in der Klasse
         if(strstr(strtolower($class), "admin")) {
           //Klasse entfernen
           unset($classes[$key]);
         }
      }
      //Array zurueckgeben
      return $classes;
}
//Filter hinzufuegen
add_filter( 'comment_class' , 'showPostRemoveAdminClass' );
?>
```

2.8.3 Tweak #60:
Überprüfen, ob das Kommentarformular direkt aufgerufen wurde

Unterstützt von:

Aufgabe:

Sie wollen überprüfen, ob das Kommentarformular direkt aufgerufen wurde, um es für Spam zu missbrauchen, oder ob der Aufruf durch eine normale Aktion erfolgte.

Gefahren:

TrackBacks und PingBacks können ebenfalls blockiert werden.

WordPress-Datei:

functions.php

Neue Dateien:

checkCommentReferrer.php

Durch das Prüfen des Referrers kann festgestellt werden, ob eine Datei direkt aufgerufen wurde. Ist er leer, so kann es sich um Spam handeln, und das Kommentarformular wird nicht angezeigt.

```
<?php
/*******************
 * Funktion:   Ueberpruefen, ob es ein echter Kommentar ist
 * WordPress:  alle
 * Styles:     keine
 * Wirkung:    Front-End > Kommentare
 * Aufruf:     Action
 *
 * Name:       checkCommentReferrer
 * Parameter:  ---
 * Rueckgabe:  ---
 *******************/
function checkCommentReferer() {
  //Auf REFERER und FILENAME ueberpruefen
  if ((!isset($_SERVER['HTTP_REFERER']) ||
      $_SERVER['HTTP_REFERER'] == "") ||
```

```
    (!empty($_SERVER['SCRIPT_FILENAME']) &&
    'comments.php' == basename($_SERVER['SCRIPT_FILENAME']))
    ) {
  //falls keiner vorhanden, sofort beenden
  wp_die('<p></p>Ein direkter Zugriff ist auf diese Seite '.
        'nicht erlaubt!', 'SPAM!!!!');
  }
}
//Filter hinzufuegen
add_action('check_comment_flood', 'checkCommentReferer');
?>
```

2.8.4 Tweak #61: Den Zugriff auf das Back-End mit SSL absichern

Unterstützt von:

Aufgabe:

Sie möchten den Zugriff auf das Back-End sicherer gestalten und SSL verwenden.

Gefahren:

Falls Ihr Webserver, Hoster bzw. Webspace kein SSL (Secure Sockets Layer, ein Verschlüsselungsprotokoll zur sicheren Datenübertragung) beherrscht, funktioniert eventuell der Zugriff auf das Back-End nicht mehr. Sichern Sie sich vorher ab, dass die notwendige Infrastruktur vorhanden ist.

WordPress-Datei:

wp-config.php

Neue Dateien:

keine

Durch den Parameter wird die Kommunikation im Back-End über SSL gesichert.

```
/********************
 * Funktion: Back-End mit SSL sichern
 * WordPress: alle
 * Wirkung:   Back-End
```

```
 * Aufruf:    Parameter-Definition
 * Paramater: true .... aktiviert SSL
 *            false ... deaktiviert SSL
 *******************************/
define('FORCE_SSL_ADMIN', true);
```

2.9 Das Back-End anpassen oder WordPress erweitern

2.9.1 Tweak #62: Den Papierkorb im Back-End deaktivieren

Unterstützt von:

Aufgabe:
Der im Back-End vorhandene Papierkorb soll komplett deaktiviert werden.

Gefahren:
Es gibt keinen Schutz vor unbeabsichtigtem Löschen mehr.

WordPress-Datei:
wp-config.php

Neue Dateien:
keine

Damit wird der Papierkorb komplett deaktiviert.

```
/********************************
 * Funktion:   Papierkorb komplett deaktivieren
 * WordPress:  alle
 * Wirkung:    Back-End
 * Aufruf:     Parameter-Definition
 * Paramater:  Anzahl der Tage
 ********************************/
define('EMPTY_TRASH_DAYS', 0);
```

So sieht es im Back-End aus:

Bild 2.34: Nach dem Deaktivieren des Papierkorbs wird der entsprechende Hyperlink durch `Endgültig löschen` ersetzt.

2.9.2 Tweak #63: Den Papierkorb im Back-End automatisch leeren

Unterstützt von:

Aufgabe:

Der im Back-End vorhandene Papierkorb soll automatisch nach einer bestimmten Anzahl von Tagen geleert werden.

Gefahren:

Gelöschte Elemente, die eventuell noch benötigt werden, können ohne Rückfrage verloren gehen.

WordPress-Datei:

wp-config.php

Neue Dateien:

keine

Den zweiten Parameter des Befehls können Sie nach Ihren Wünschen anpassen, es ist die Anzahl der Tage des automatischen Löschintervalls.

```
/*********************************
 * Funktion:   Intervall fuer das Ausleeren des Papierkorbs
 * WordPress:  alle
 * Wirkung:    Back-End
 * Aufruf:     Parameter-Definition
 * Paramater:  Anzahl der Tage
 *********************************/
define('EMPTY_TRASH_DAYS', 14);
```

2.9.3 Tweak #64: Automatisches Speichern von Posts abschalten

Unterstützt von:

Aufgabe:

Sie wollen das automatische Speichern beim Erstellen eines Posts abschalten, da Sie diese Funktion von WordPress überhaupt nicht benötigen und dieses dauernde Speichern die Datenbank vergrößert und den Blog langsamer macht.

Gefahren:

Das Blog kann unter Umständen langsamer werden. Denn zuerst wird eine Funktion aktiviert, die nach Start von WordPress wieder deaktiviert wird.

WordPress-Datei:

functions.php

Neue Dateien:

disableAutoSave.php

WordPress bietet darüber hinaus die Möglichkeit, vorhandene JavaScript-Module zu deaktivieren.

```
<?php
/*******************
 * Funktion:   automatisches Speichern beim Erstellen
 *             von Posts deaktivieren
 * WordPress:  alle
 * Styles:     keine
```

```
 * Wirkung:   Back-End
 * Aufruf:    ueber Action
 *
 * Name:      disableAutoSave
 * Parameter: ---
 * Rueckgabe: ---
 ********************/
function disableAutoSave(){
  wp_deregister_script('autosave');
}
//Action hinzufuegen
add_action( 'wp_print_scripts', 'disableAutoSave' );
?>
```

2.9.4 Tweak #65: Automatisches Speichern von Posts abschalten, aber die Performance weniger stark beeinflussen

Unterstützt von:

Aufgabe:

Sie wollen das automatische Speichern beim Erstellen eines Posts beeinflussen. Aber der vorherige Tweak beeinflusst die Geschwindigkeit Ihres Blogs spürbar.

Gefahren:

Die komplette Revisions-Verfolgung wird abgeschaltet.

WordPress-Datei:

wp-config.php

Neue Dateien:

keine

Um das automatische Speichern abzuschalten, können Sie folgende Zeilen in die Konfigurationsdatei eintragen. Dies ist allerdings ein kleiner Umweg, denn wenn man keine Revisionen speichern will, werden auch keine AutoSave-Einträge abgelegt.

```
/***********************************
* Funktion:   Revisionsverwaltung fuer die Posts abschalten
* WordPress:  alle
* Wirkung:    Back-End
* Aufruf:     Parameter-Definition
* Paramater:  true .... aktiviert die AutoSave-Funktion
*             false ... deaktiviert die Revisionsverwaltung
*             ## ...... positive Ganzzahl legt die maximale Zahl
*                       an gespeicherten Revisionen eines Posts
*                       fest
***********************************/
define('WP_POST_REVISIONS', false);
```

2.9.5 Tweak #66:
Die Anzahl der Revisionen und die Zeit für die automatische Speicherung beeinflussen

Unterstützt von:

Aufgabe:
WordPress speichert während des Erstellens eines Posts alle 60 Sekunden einen Entwurf in der Datenbank ab. Sie wollen die Anzahl der maximal gespeicherten Revisionen und auch den Speicherintervall beeinflussen.

Gefahren:
Alte Revisionen werden überschrieben.

WordPress-Datei:
wp-config.php

Neue Dateien:
keine

Um die Zeit für den Speicherintervall zu beeinflussen, müssen Sie folgende Zeilen in die Konfigurationsdatei eintragen. Mit dem zweiten Parameter können Sie die maximale Anzahl der gespeicherten Post-Revisionen festlegen. Wird diese Zahl während des Schreibens eines Posts überschritten, wird jeweils die älteste Revision automatisch überschrieben.

```
/***********************************
* Funktion:  Anzahl der Revisionen fuer die Posts festlegen
* WordPress: alle
* Wirkung:   Back-End
* Aufruf:    Parameter-Definition
* Paramater: true .... aktiviert die AutoSave-Funktion
*            false ... deaktiviert die Revisionsverwaltung
*            ## ...... positive Ganzzahl legt die maximale Zahl
*                      an gespeicherten Revisionen eines Posts
*                      fest
***********************************/
define('WP_POST_REVISIONS', 5);
```

2.9.6 Tweak #67: Das Benutzerprofil um zusätzliche Felder erweitern

Unterstützt von:

Aufgabe:

Das Benutzerprofil soll zusätzliche Eingabefelder, zum Beispiel für Twitter, FaceBook oder die Telefonnummer, erhalten.

Gefahren:

keine

WordPress-Datei:

functions.php

Neue Dateien:

profileFieldsAdd.php

Mit der folgenden Funktion können Sie zusätzliche Felder im Bereich *Kontaktinfo* des Benutzerprofils hinzufügen. Wichtig ist, dass die einzelnen Feldnamen in den eckigen Klammern eindeutig sind. Die Bezeichnung des Feldes sowie der Wert des Array-Elements können beliebig gewählt werden.

Dieser Tweak ist bewusst mit dieser Menge an Feldern aufgebaut, da wir diese Felder später für ein oder zwei weitere Tweaks benötigen.

```php
<?php
/************************************
 * Funktion:    Felder aus dem Benutzerprofil entfernen
 * WordPress:   ab 2.9
 * Styles:      keine
 * Wirkung:     Back-End > Benutzerprofil
 * Aufruf:      Filter
 *
 * Name:        profileFieldsAdd
 * Parameter:   $contactmethods array
 *              assoziatives Array mit den einzelnen Datenfeldern
 * Rueckgabe:   $contactmethods array
 *              um neue Felder ergaenztes Array
 ************************************/
function profileFieldsAdd($contactmethods) {
  //Jabber entfernen, um die Felder richtig zu sortieren
  if (function_exists('profileFieldsHide')) {
    profileFieldsHide($contactmethods);
  } else {
    unset($contactmethods['jabber']);
  }
  //akademischer Grad
  $contactmethods['grade_user'] = 'Titel';
  //Telefon
  $contactmethods['tel_user'] = 'Telefon (Privat)';
  //Telefon (Mobil)
  $contactmethods['cell_user'] = 'Mobiltelefon (Privat)';
  //Adresse
  $contactmethods['address_user'] = 'Adresse (Privat)';
  //Postleitzahl
  $contactmethods['zip_user'] = 'PLZ (Privat)';
  //Ort
  $contactmethods['city_user'] = 'Ort/Stadt (Privat)';
  //Staat
  $contactmethods['country_user'] = 'Staat (Privat)';
  //Geburtstag
  $contactmethods['bday_user'] = 'Geburtstag (jjjj-mm-tt)';
  //Twitter
  $contactmethods['twitter'] = 'Twitter';
  //Facebook
  $contactmethods['facebook'] = 'Facebook';
  //Jabber wieder hinzufuegen
  $contactmethods['jabber'] = 'GoogleTalk';
  //Firmenname
  $contactmethods['name_work'] = 'Firmenname';
  //Telefon
  $contactmethods['tel_work'] = 'Telefon (Firma)';
```

```
  //Telefon (Mobil)
  $contactmethods['cell_work'] = 'Mobiltelefon (Firma)';
  //Adresse
  $contactmethods['address_work'] = 'Adresse (Firma)';
  //Postleitzahl
  $contactmethods['zip_work'] = 'PLZ (Firma)';
  //Ort
  $contactmethods['city_work'] = 'Ort/Stadt (Firma)';
  //Staat
  $contactmethods['country_work'] = 'Staat (Firma)';
  //eMail Firma
  $contactmethods['email_work'] = 'eMail (Firma)';
  //Web Firma
  $contactmethods['url_work'] = 'WebSite (Firma)';
  //neue Felder zurueckgeben
  return $contactmethods;
}
//Filter hinzufuegen
add_filter('user_contactmethods', 'profileFieldsAdd', 10, 1);
?>
```

So sieht es im Back-End aus:

Kontaktinfo

E-Mail *(erforderlich)*	gull@bytebros.cc
Webseite	http://www.guru-20.info
Titel	DI
Telefon (Privat)	+43 662 9663030
Mobiltelefon (Privat)	+43 664 13233353
Adresse (Privat)	Hauptstraße 17a
PLZ (Privat)	5020
Ort/Stadt (Privat)	Salzburg
Staat (Privat)	Österreich
Geburtstag (jjjj-mm-tt)	1969-07-13
Twitter	ByteBros
Facebook	ByteBros
GoogleTalk	gull.guru@gmail.com
Firmenname	Byte Brothers KG
Telefon (Firma)	+43 662 9663030
Mobiltelefon (Firma)	+43 664 13233353
Adresse (Firma)	Dr.-Bauer-Straße 13
PLZ (Firma)	A 5020
Ort/Stadt (Firma)	Salzburg
Staat (Firma)	Österreich
eMail (Firma)	gull@guru-20.info
WebSite (Firma)	http://www.bytebros.cc

Über Dich

Bild 2.35: Die Profilseite mit den erweiterten Kontaktinformationen.

2.9.7 Tweak #68: Nicht bekannte Dateitypen in die Mediathek einfügen

Unterstützt von:

Aufgabe:

WordPress kennt nur einige Dateitypen, die in der Mediathek gespeichert oder in einem Artikel eingefügt werden können. Diese Liste der erlaubten Dateien soll erweitert werden.

Gefahren:

keine

WordPress-Datei:

functions.php

Neue Dateien:

boostMimeTypes.php

Für das Erweitern der erlaubten MIME-Typen[11] müssen Sie folgende Funktion erstellen. Sie können die Liste der Dateitypen im Array $newType jederzeit um weitere Einträge erweitern.

```
<?php
/********************
 * Funktion:   Zusaetzliche MIME-Types erlauben
 * WordPress:  alle
 * Styles:     keine
 * Wirkung:    Back-End
 * Aufruf:     Filter
 *
 * Name:       boostMimeTypes
 * Parameter:  $mimes array
 *             vorhandene MIME-Types
 * Rueckgabe:  $mimes array
 *             erweitertes Array
```

---

[11] Eine umfangreiche Liste dieser Typen finden Sie unter: *http://webkompetenz.wikidot.com/html-handbuch:referenz-mimetypen*

2.9 Das Back-End anpassen oder WordPress erweitern

```
*******************/
function boostMimeTypes($mimes) {
  $newType = array('indd' => 'application/octet-stream',
                   'ai'   => 'application/octet-stream'
                  );
  $mimes = array_merge($mimes, $newType);  return $mimes;
}
//Filter fuer MIME-Types hinzufuegen
add_filter('upload_mimes', 'boostMimeTypes');
?>
```

So sieht es im Back-End aus:

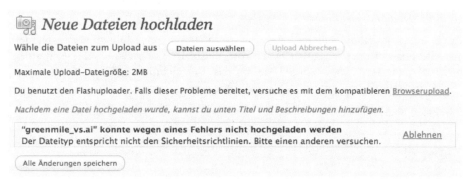

Bild 2.36: Sobald Sie einen nicht bekannten MIME-Type zu speichern versuchen, zeigt WordPress im Back-End eine Fehlermeldung.

2.9.8 Tweak #69: Die Symbole für neue Dateitypen anpassen

Unterstützt von:

Aufgabe:

Für die neuen Mime-Typen aus dem vorherigen Tweak wird nur ein leeres Blatt als Symbol angezeigt. Für die jeweilige Dateierweiterung soll das passende Symbol angezeigt werden.

Gefahren:
keine

WordPress-Datei:
keine

Neue Dateien:
Für jeden MIME-Type ein neues Bild

Um die Symbole auszutauschen, erzeugen Sie die passenden Bilder im Format 46 Pixel breit, 60 Pixel hoch und vom Typ PNG. WordPress stellt bereits eine leere Vorlage für die neuen Symbole zur Verfügung. Diese finden Sie mit dem Dateinamen default.png im Verzeichnis /wp-includes/images/crystal/.

Nachdem Sie die Symbole erzeugt haben, geben Sie ihnen als Dateinamen den Namen der Erweiterung der anzuzeigenden Datei. Also beispielsweise für eine XML-Datei den Namen xml.png. Jetzt kopieren Sie sie in das Verzeichnis /wp-includes/images/crystal/, und WordPress verwendet ab jetzt diese neuen Dateien.

So sieht es im Back-End aus:

Bild 2.37: Bevor Sie die neuen Symbole hinzufügen, zeigt WordPress das Standardsymbol für unbekannte Dateitypen.

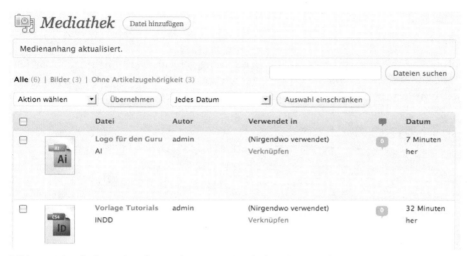

Bild 2.38: Nach dem Hinzufügen der neuen Symbole zeigt WordPress die entsprechenden Symbole an.

2.9.9 Tweak #70: Automatisch einen Text im Editor einfügen, sobald ein neuer Post erstellt wird

Unterstützt von:

Aufgabe:
Sobald Sie einen neuen Post im Back-End erstellen, soll bereits ein bestimmter Text im Editorfenster stehen. Denn Sie beenden Ihre Artikel immer mit derselben Schlussformel. Es ist komfortabel und sicherer, wenn dieser Text bereits dasteht.

Gefahren:
keine

WordPress-Datei:
functions.php

Neue Dateien:

addEditorContent.php

Die folgende Funktion wird dieser Aufgabenstellung gerecht. Den Inhalt der Variablen $addText können Sie natürlich anpassen. Achten Sie aber darauf, dass Sie innerhalb der doppelten Anführungszeichen nur einfache Anführungszeichen verwenden.

```
<?php
/*********************
* Funktion:   Im Editor des Back-Ends bei einem neuen Post
*             bereits einen bestimmten Text einfuegen
* WordPress:  alle
* Styles:     keine
* Wirkung:    Back-End > Editor fuer Posts/Pages
* Aufruf:     Filter
*
* Name:       addEditorContent
* Parameter:  $addText string
*             Inhalt des Editorfenster
* Rueckgabe:  $addText string
*             Neuer Inhalt des Editorfenster
*********************/
function addEditorContent($addText) {
  $addText = "<hr/><p>Wieder ein neuer Post vom Guru 2.0<br/>".
             "Besuche auch die Seite von ".
             "<a href='http://www.franzis.de' ".
             "title='Franzis Verlag' ".
             "target ='_blank'>Franzis Verlag</a><br/>".
             "Be social and share it!</p>";
  return $addText;
}
//Filter hinzufuegen
add_filter('default_content', 'addEditorContent');
?>
```

2.9.10 Tweak #71: Die Upgrade-Meldung im Back-End entfernen

Unterstützt von:

2.9 Das Back-End anpassen oder WordPress erweitern

Aufgabe:
Sobald eine neue WordPress-Version veröffentlicht wird, zeigt das Blog im Back-End eine Mitteilung für ein Upgrade an. Diese Nachricht soll unterdrückt werden.

Gefahren:
Updates können übersehen werden.

WordPress-Datei:
functions.php

Neue Dateien:
backEndRemoveUpgradeMessage.php

Diesmal müssen Sie zwar eine neue Datei erstellen, aber keine Funktion programmieren. Denn dieser Tweak funktioniert dadurch, dass wir Aktionen entfernen und einen Filter hinzufügen.

```
<?php
/*******************
 * Funktion:    Versionspruefung und Updatemeldung unterdruecken
 * WordPress:   ab 2.8
 * Styles:      keine
 * Wirkung:     Back-End > Fusszeile
 * Aufruf:      Action und Filter
 *
 * Name:        backEndRemoveUpgradeMessage.php.
 * Parameter:   ---
 * Rueckgabe:   ---
 *******************/
remove_action('wp_version_check', 'wp_version_check');
remove_action('admin_init', '_maybe_update_core');
add_filter('pre_transient_update_core',
           create_function('$a', "return null;"));
?>
```

So sieht es im Back-End aus:

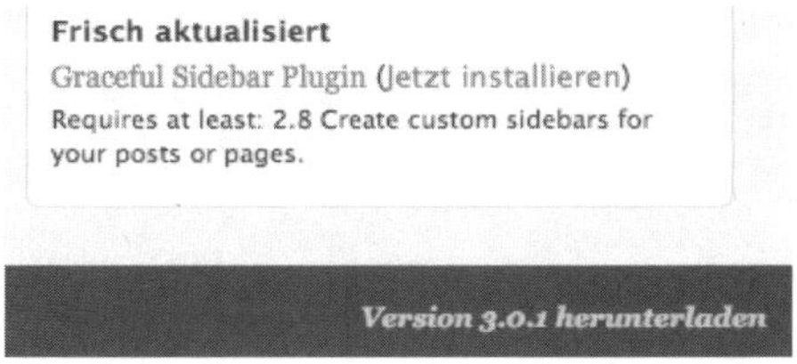

Bild 2.39: Bevor dieser Tweak angewendet wird, zeigt WordPress im Back-End in der Fußzeile ...

Bild 2.40: ...und am oberen Fensterrand immer eine Nachricht über das Update an.

2.9.11 Tweak #72: Eine eigene Fußzeile im Back-End erzeugen

Unterstützt von:

Aufgabe:
Statt der von WordPress zur Verfügung gestellten Zeile soll Ihr persönlicher Text in der Fußzeile des Back-Ends stehen.

Gefahren:
keine

WordPress-Datei:
functions.php

Neue Dateien:
backEndFooter.php

Die folgende Funktion passt die Fußzeile im Back-End an. Den Text hinter dem Befehl `echo` können Sie natürlich Ihren Wünschen entsprechend anpassen. Sie müssen lediglich darauf achten, dass Sie innerhalb der bereits verwendeten doppelten Anführungszeichen nur einfache Anführungszeichen verwenden können.

```
<?php
/********************
* Funktion:    Fusszeile im Back-End veraendern
* WordPress:   alle
* Styles:      keine
* Wirkung:     Back-End > Fusszeile aller Module
* Aufruf:      Filter
```

2.9 Das Back-End anpassen oder WordPress erweitern

```
*
 * Name:       backEndFooter
 * Parameter:  ---
 * Rueckgabe: direkte Ausgabe des Resultats
 ********************/
function backEndFooter() {
  echo "Ein weiterer WordPress-Blog vom ".
       "<a href='http://www.guru-20.info' target='_blank'>".
       "Guru 2.0</a>";
}
//Filter fuer die Fusszeile im Back-End aktivieren
add_filter('admin_footer_text', 'backEndFooter');
?>
```

So sieht es im Back-End aus:

Bild 2.41: Das Back-End mit der angepassten Fußzeile.

2.9.12 Tweak #73: Das Logo des Anmeldefensters für das Back-End austauschen

Unterstützt von:

Aufgabe:
Das Standardlogo von WordPress für das Anmeldefenster soll durch ein eigenes ausgetauscht werden.

Gefahren:

keine

WordPress-Datei:

functions.php

Neue Dateien:

backEndLoginLogo.php

Durch die erneute Definition eines vorhandenen Stils und ein neues Bild kann das Logo sehr einfach verändert werden. Das neue Logo für die Anmeldung sollte eine Breite von 300 Pixeln besitzen, denn so breit ist auch das Anmeldefenster. Zusätzlich muss es im Verzeichnis *images/* des aktiven Themas gespeichert sein.

```php
<?php
/*********************
 * Funktion:   Das Logo bei der Anmeldung veraendern
 * WordPress:  ab 2.8
 * Styles:     keine
 * Wirkung:    Back-End > Loginseite
 * Aufruf:     Action
 *
 * Name:       backEndLoginLogo
 * Parameter:  ---
 * Rueckgabe:  ---
 ********************/
function backEndLoginLogo() {
    echo '<style type="text/css">'.
        'h1 a {'.
            'background-image: url('.
            get_bloginfo('template_directory').
            '/images/loginlogo.png) !important;'.
            'margin-bottom: -5px;'.
            'padding-bottom: 0px;'.
        '}'.
        'input {color: #6A7224;}'.
    '</style>';
}
//Logo hinzufuegen
add_action('login_head', 'backEndLoginLogo');
?>
```

So sieht es im Back-End aus:

Bild 2.42: Das neue Anmeldefenster kann an Ihre Bedürfnisse angepasst werden.

2.9.13 Tweak #74: Das Logo im Back-End austauschen

Unterstützt von:

Aufgabe:
Sie wollen das Standard-Logo von WordPress im Back-End meinen eigenen Erfordernissen anpassen.

Gefahren:
keine

WordPress-Datei:
functions.php

Neue Dateien:
backEndLogo.php

Durch die Redefinition eines vorhandenen Stils und durch ein zusätzliches Bild kann das Logo leicht verändert werden. Das neue Logo für das Back-End sollte eine Größe von 32 x 32 Pixeln besitzen, denn so passt es sich perfekt in die Kopfzeile ein. Zusätzlich muss es im Verzeichnis *images/* des aktiven Themas gespeichert sein.

```php
<?php
/********************
 * Funktion:   Das Logo im Back-End veraendern
 * WordPress:  ab 2.1
 * Styles:     keine
 * Wirkung:    Back-End > Header
 * Aufruf:     Action
 *
 * Name:       backEndLogo
 * Parameter:  ---
 * Rueckgabe:  ---
 ********************/
function backEndLogo() {
  echo '<style type="text/css">'.
        '#header-logo {'.
            'background-image: url('.
            get_bloginfo('template_directory').
            '/images/backlogo.png) !important;'.
        '}'.
       '</style>';
}
//Logo hinzufuegen
add_action('admin_head', 'backEndLogo');
?>
```

So sieht es im Back-End aus:

Bild 2.43: Sobald der Tweak aktiv ist, zeigt das Back-End das eigene Logo.

2.9.14 Tweak #75:
Überprüfen, ob ein bestimmtes Plug-In aktiv ist

Unterstützt von:

2.9 Das Back-End anpassen oder WordPress erweitern

Aufgabe:

Bevor Sie eine spezielle Funktion eines Plug-Ins aufrufen, möchten Sie wissen, ob dieses installiert und aktiviert wurde. Damit lassen sich Fehlermeldungen über fehlende Funktionen vermeiden.

Gefahren:

keine

WordPress-Datei:

Datei, die das Plug-In benötigt

Neue Dateien:

keine

Mit den folgenden Zeilen können Sie prüfen, ob ein Plug-In aktiv ist. Sie müssen vorher nur den Wert der Variablen $dateiname anpassen, damit sie den Namen der zu prüfenden Plug-In-Datei enthält.

```
...
$dateiname = 'DateinameDesPlugIns';
if (is_plugin_active('plugin-directory/'.$dateiname.'.php')) {
  //Code, welcher vom PlugIn abhaengt
} else {
  //Code, der ausgefuehrt werden soll, wenn das PlugIn fehlt
}
...
```

2.9.15 Tweak #76: Einen Link im Back-End einfügen, um die Blog-Optionen direkt zu ändern

Unterstützt von:

Aufgabe:

Sie wollen die Optionsseite von WordPress nicht über die Internet-Adresse, sondern über einen Link im Back-End bearbeiten.

Gefahren:

keine

WordPress-Datei:

functions.php

Neue Dateien:

keine

Durch das Hinzufügen eines Menüpunkts im Menü *Einstellungen* können Sie diese Problemstellung sehr leicht lösen.

```php
<?php
/*********************
* Funktion:   Einen Link im Back-End fuer die Optionen einfuegen
* WordPress:  alle
* Styles:     keine
* Wirkung:    Back-End > Einstellungen
* Aufruf:     Action
*
* Name:       backEndSetOptionLink
* Parameter:  ---
* Rueckgabe:  ---
*********************/

function backEndSetOptionLink() {
  add_options_page(__('All Settings'), __('All Settings'),
                   'administrator', 'options.php');
}
//Action aktivieren
add_action('admin_menu', 'backEndSetOptionLink');
?>
```

So sieht es im Back-End aus:

Bild 2.44: Im Menü *Einstellungen* erhalten Sie am Ende einen weiteren Befehl *Einstellungen*, mit dem Sie alle Optionen verändern können.

3 Aufwendige Tweaks

3.1 Formate anpassen oder erstellen

3.1.1 Tweak #77:
Den Artikeltitel für schmale Templates automatisiert kürzen

Unterstützt von:

Aufgabe:
Das Design unseres Blogs ist sehr schmal (weil es zum Beispiel für mobile Geräte ausgelegt ist). Daher sind die Titel der Posts immer zu lang und unser Template wird nicht mehr richtig angezeigt. Die Titel der Posts sollen in der Übersicht automatisch gekürzt, aber in der Einzelansicht komplett dargestellt werden.

Gefahren:
Schlechtere Lesbarkeit der Posts für den Anwender.

WordPress-Datei:
functions.php

Alle Dateien, die einen Artikeltitel ausgeben bzw. den Loop enthalten.

Neue Dateien:
shortTitle.php

Sie erzeugen eine neue, sogenannte Wrapper-Funktion. Diese umhüllt die Originalfunktion `the_title()` und ergänzt sie um die für uns notwendigen Parameter. Über diese Übergabewerte können Sie einerseits die ursprüngliche Funktion weiter nutzen. Andererseits ist es komfortabel, die gekürzten Titel auszugeben.

```php
<?php
/*********************
 * Funktion:   Titel eines Posts auf eine bestimmte
 *             Zeichenlaenge kuerzen
 *             Wrapper Funktion fuer die the_title()
 * WordPress:  ab 0.71
 * Styles:     keine
 * Wirkung:    Front-End > Loop
 * Aufruf:     direkt
 *
 * Name:       shortTitle
 * Parameter:  $length integer
 *             Gesamtlaenge des Titels in Zeichen
 *             Standardwert ist: 25
 *             moegliche Werte:  alle positiven Zahlen ab 1
 *                               0 ... keine Kuerzung
 *             $echo boolean
 *             Legt die Art der Ausgabe fest
 *             Standardwert ist: true
 *             moegliche Werte:  true .... direkte Ausgabe
 *                               false ... Rueckgabe als Wert
 *             $before string
 *             Text welcher vor dem Titel eingefuegt werden soll
 *             Standard ist: ''
 *             $after string
 *             Text welcher nach dem Titel eingefuegt werden soll
 *             Standard ist: ''
 *             $caret string
 *             Text welcher als Auslassungzeichen nach
 *             dem Titel eingefuegt werden soll
 *             Standardwert ist: '...'
 * Rueckgabe:  direkte Ausgabe des Resultats
 *             bzw. Rueckgabe als Variable
 *********************/
function shortTitle($length = 25,
                    $echo    = true,
                    $before  = '',
                    $after   = '',
                    $caret   = '...') {
  //Originaltitel
  $sTitle   = the_title('', '', FALSE);
  //Titel kuerzen
  if ($length > 0) {
    //Laenge des Textes im Titel
    $titLaenge = $length - strlen($before) - strlen($after);
```

```
      //Titel kuerzen
      if (strLen($before.$sTitle.$after) > $length) {
        $sTitle    = substr($sTitle, 0, $titLaenge);
        //Titel zusammenstellen
        $sTitle    = $before.$sTitle.$after.$caret;
      } else {
        //Titel zusammenstellen
        $sTitle    = $before.$sTitle.$after;
      }
    } else {
      //Titel zusammenstellen
      $sTitle    = $before.$sTitle.$after;
    }
    //Ausgabe des Resultats
    if ($echo) {
      echo $sTitle;
    } else {
      return $sTitle;
    }
  }
?>
```

Die neue Funktion fügen Sie an allen Stellen des Loops ein, an denen Sie kurze Titel ausgeben wollen. Für die ungekürzte Ausgabe können Sie folgende Zeile einfügen bzw. die vorhandene ersetzen.

```
<?php shortTitle(0, true); ?>
```

Wollen Sie eine gekürzte Version des Titels und haben Sie zusätzlich die Standardwerte der neuen Funktion genau auf Ihren Blog angepasst, verwenden Sie folgende Zeile innerhalb des Loops.

```
<?php shortTitle(); ?>
```

So sieht es im Front-End aus:

Bild 3.1:
Der gekürzte Titel des Blog-Artikels

3.1.2 Tweak #78: Ein Vorschaubild für den Artikel verwenden

Unterstützt von:

Aufgabe:

Bei jedem Artikel, zum Beispiel im Archiv, soll eine Artikelvorschau als Bild angezeigt werden.

Gefahren:

Das Design ist unter Umständen nicht mehr konsistent.

WordPress-Datei:

functions.php

header.php

Alle Dateien, die in einem Loop einen Artikelauszug ausgeben

Neue Dateien:

styleThumbnail.css

Zuerst müssen Sie dazu einen Stil für die Klasse `attachment-post-thumbnail` erzeugen, wie Sie ihn hier beispielhaft sehen.

Vergessen Sie nicht, den neuen Stil in die Datei *header.php* einzubinden.

```
/* Stil fuer die Artikelvorschau/Miniaturbild */
.attachment-post-thumbnail {
  float: right;
  position: relative;
  margin: 40px 20px 5px 20px;
  padding: 3px;
  border: 1px solid white;
}
```

Nun müssen Sie noch in der Datei `functions.php` die Miniaturbilder für die Artikel aktivieren. Dazu fügen Sie die folgenden Befehlszeilen ein. Die erste Zeile aktiviert die Funktion. In der zweiten Zeile können Sie die Größe der Bilder festlegen. Die erste Zahl gibt die Breite (hier `100`) und die zweite Zahl die Höhe (hier `75`) in Pixeln an.

Der dritte Parameter legt die Art der Darstellung fest. Mit dem Wert `true` wird das Bild auf die angegebene Größe angepasst und überstehende Ränder werden abgeschnitten. Damit ist der Rahmen immer komplett ausgefüllt. Mit `false` wird das Bild auf die Größe des Rahmens skaliert, so dass entweder die Breite oder die Höhe komplett ausgefüllt sind.

```
/********************
 * Funktion:    Thumbnails fuer Posts aktivieren
 * WordPress:   ab 2.9
 * Styles:      styleThumbnail.css
 * Wirkung:     Front-End
 * Aufruf:      WordPress
 *
 * Name:        ---
 * Parameter:   ---
 * Rueckgabe:   ---
 ********************/
//Unterstuetzung im Template aktivieren
add_theme_support('post-thumbnails');
//Standardgroesse der Miniaturbelder festlegen
set_post_thumbnail_size(100, 75, true);
```

Der letzte Schritt ist die Anpassung des Loops. In diesem Beispiel erfolgt die Ausgabe des Thumbnails vor der Ausgabe des Titels im `h3`-Element.

```
<?php while (have_posts()): the_post(); //Anfang Loop ?>
  <div <?php post_class(); ?>>
    <?php
    //anzeigen des Thumbnails, falls einer vorhanden ist
    if (has_post_thumbnail()) {the_post_thumbnail();}
    ?>
    <h3>
```

150 Kapitel 3: Aufwendige Tweaks

```
    <a href="<?php the_permalink() ?>" rel="bookmark">
      <?php the_title();?>
    </a>
  </h3>
```

So sieht es im Back-End aus:

Bild 3.2: Zuerst muss beim Erstellen des Artikels ein Bild hochgeladen werden.

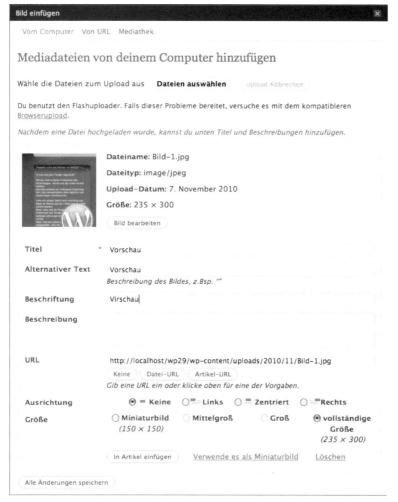

Bild 3.3: Danach wird das Bild ausgewählt und hochgeladen. Hier ist es wichtig, am unteren Rand des Fensters auf *Verwende es als Miniaturbild* (Version 2.9) bzw. *Als Artikelbild nutzen* (Version 3.0) zu klicken.

Bild 3.4: Ist das Bild aktiv, wird es von WordPress im Editor-Fenster angezeigt, und Sie können den Artikel speichern.

So sieht es im Front-End aus:

Bild 3.5: Wenn Ihr Leser nach Posts sucht, sieht er eine kleine Vorschau zu jedem Artikel.

3.1.3 Tweak #79: Autoreninformation bei einem Artikel anzeigen

Unterstützt von:

Aufgabe:

Nach einem Post sollen zusätzliche Informationen zum Autor angezeigt werden. Da nicht alle Autoren einen Gravatar[12] (Globally Recognized Avatar) besitzen, soll diese Anzeige über einen Parameter gesteuert werden.

---

[12] Weiterführende Informationen zu einem Gravatar finden Sie online unter *http://de.gravatar.com*

Gefahren:
keine

WordPress-Datei:
functions.php

header.php

Alle Dateien, die den Loop benutzen

Neue Dateien:
showInfoAuthor.php
styleInfoAuthor.css

Die neue Funktion ermittelt die notwendigen Informationen zu einem Artikelautor und gibt sie am Ende eines Posts direkt aus.

```php
<?php
/*********************
 * Funktion:   Informationen des Autors eines Posts anzeigen
 * WordPress:  ab 2.8
 * Styles:     styleInfoAuthor.css
 * Wirkung:    Front-End > Loop
 * Aufruf:     direkt
 *
 * Name:       showInfoAuthor
 * Parameter:  $showGravatar boolean
 *                steuert die Anzeige des Gravatars
 *                Standardwert ist: true
 *                moegliche Werte:  true .... Gravatar anzeigen
 *                                  false ... kein Gravatar
 * Rueckgabe: direkte Ausgabe des Resultats
 *********************/
function showInfoAuthor($showGravatar = true) {
  //Informationen zusammenstellen
  $authInfo = '<div class="postAuthor"><span>'.
              '<p class="title">&Uuml;ber den Autor:</p>';
  //Soll der Gravatar angezeigt werden?
  if ($showGravatar) {
    $authInfo .= get_avatar(
                    get_the_author_meta('user_email'),
                    $size = '64');
  }
  $authInfo .= '<p>'.
               get_the_author_meta('description').
               '</p></span></div>';
```

```
//Ausgabe der Infos
 echo $authInfo;
}
?>
```

Nun können Sie in Ihrem Template (normalerweise ist dies die Datei *single.php*) an der für Sie passenden Stelle folgende Zeile einfügen:

```
<?php showAuthorInfo(); ?>
```

Um die Anzeige in das Template einzupassen, ist es wichtig, das Design um folgende Stile zu erweitern. Den Inhalt der Klassen müssen Sie an Ihr Template anpassen.

```
/* Infos zum Autor */
/* Wird von benutzt showInfoAuthor.php benutzt */
div.post div.postAuthor {
  background: url(images/single_background.png) repeat-y top left;
  margin: -25px 0px 0px 2px;
  padding: 0px 12px 1px 17px;
  line-height: 1em;
  letter-spacing: 0.05em;
  width: 563px;
}
div.post div.postAuthor p {
  font-size: 70%;
  padding-bottom: 0px;
}
div.post div.postAuthor p.title {
  font-size: 90% !important;
  padding-bottom: 0px;
}
div.post div.postAuthor img {
  float: left;
  padding-right: 25px;
}
div.post div.postAuthor span {
  margin: 15px 10px 5px 0px;
  border: 1px solid white;
  display: inline-block;
  padding: 0px 15px 0px 15px;
}
```

154 Kapitel 3: Aufwendige Tweaks

So sieht es im Front-End aus:

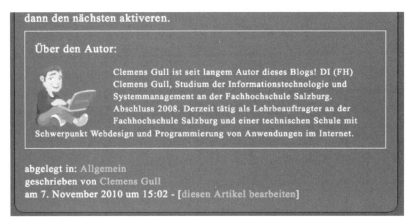

Bild 3.6: Die Anzeige der Autoreninformationen bei einem einzelnen Artikel.

3.1.4 Tweak #80: Den Kommentar des Autors hervorheben

Unterstützt von:

Aufgabe:
Wie kann ich die Kommentare des Autors eines Posts in WordPress hervorheben?

Gefahren:
Keine

> **Tipp:**
> Ab WordPress 2.8 wird eine eigene Funktion für die Kommentare angeboten. Dadurch steht immer die Klasse `comment-author-admin` für das CSS-Format zur Verfügung.

WordPress-Datei:

functions.php

header.php

Alle Dateien, die den Kommentar-Loop enthalten

Neue Dateien:

checkCommentAuthor.php

styleAuthor.css

Um diese Aufgabe zu erfüllen, müssen Sie mit CSS zuerst einen neuen, passenden Stil in der Datei *styleAuthor.css* anlegen.

```css
/* Stil fuer die Anzeige des Autoren-Kommentars */
.author {
  border: 1px solid red !important;
  font-size: 2em !important;
  margin: 20px !important;
}
```

Danach binden Sie diesen Stil in die Datei *header.php* ein. Als nächsten Schritt erstellen Sie die neue Funktion, um die Kommentare des Artikelautors zu erkennen.

```php
<?php
/*********************
 * Funktion:   Erkennen, ob ein Kommentar vom Post-Autor ist
 * WordPress:  bis 2.7
 * Styles:     styleAuthor.css
 * Wirkung:    Fron-End
 * Aufruf:     direkt
 *
 * Name:       checkCommentAuthor
 * Parameter:  ---
 * Rueckgabe:  direkte Ausgabe der Klasse
 *********************/
function checkCommentAuthor() {
  if ($comment->comment_author_email == "buch@guru-20.info") {
    echo 'author';
  }
}
?>
```

Nun wird noch der Kommentar-Loop angepasst, und Sie können diesen Tweak verwenden.

```php
...
<?php foreach($comments as $comment): //Anfang Kommentar-Loop?>
  <li class="commentElement <?php checkCommentAuthor() ?>">
```

```
        id="comment-<?php comment_ID() ?>">
<?php
    echo get_avatar(get_comment_author_email(), 32);
    comment_text();
?>
...
```

3.2 ShortCodes verwenden

3.2.1 Tweak #81:
Einen ShortCode wie in Tweak #35 benutzen, aber eine gekürzte URL verwenden

Unterstützt von:

Aufgabe:

Innerhalb des Editors wollen wir einen ShortCode mit Parametern für eine URL verwenden. In der Anzeige im Front-End soll aber eine Kurzversion der URL angezeigt werden.

Gefahren:

Der Tweak #101 muss vorher realisiert worden sein.

WordPress-Datei:

functions.php

Neue Dateien:

shortCode_sLink.php

Für diesen Tweak können Sie auch den Tweak #35 als Basis verwenden. Sie können ihn so erweitern, dass folgende neue Funktion entsteht:

```
<?php
/*********************
 * Funktion: Einen ShortCode fuer Hyperlinks setzen
 * WordPress: ab 2.5
 * Styles:    keine
```

```
 * Wirkung:     Back-End > Editor
 *              Front-End > Posts
 * Aufruf:      [sLink href="..." target="..."]Text[/sLink]
 *
 * Name:        shortCode_sLink
 * Parameter:   $args array
 *              Attribute die mit [sLink] mitgegeben werden
 *              Das Array ist assoziativ
 *              href ist die URL, die verwendet werden soll
 *              Standardwert ist: 'http://www.guru-20.info'
 *              target ist das Zielfenster des Hyperlinks
 *              Standardwert ist: '_blank'
 *              $content string
 *              Inhalt des [sLink]-Elements
 *              Standardwert ist: 'Guru 2.0 > 3.0'
 * Rueckgabe: direkte Ausgabe des Resultats im Front-End
 ********************/
function shortCode_sLink($args, $content = NULL) {
  //Speicherort fuer den Tweak zu den TinyURLs
  $tweak = get_template_directory().'/includes/makeTinyUrl.php';
  //Falls href fehlt > Standardwert setzen
  if ($args['href'] == '') {
    $args['href'] = 'http://www.guru-20.info/';
  }
  //Pruefen ob der Tweak fuer TinyURLs vorhanden ist
  if (!function_exists('makeTinyUrl')) {
    //Pruefen ob die Datei vorhandenen ist
    if (file_exists($tweak)) {
      //Wenn vorhanden, dann den Tweak einbinden
      require_once $tweak;
      //verkuerzte URL erzeugen
      $args['href'] = makeTinyUrl($args['href']);
    }
  }
  //Falls target fehlt > Standardwert setzen
  if ($args['target'] == '') {
    $args['target'] = '_blank';
  }
  //Falls content fehlt > Standardwert setzen
  if (trim($content) == '') {
    $content = 'Guru 2.0 > 3.0';
  }
  //ShortCode zurueckgeben
  return '<a href="'.$args['href'].'" target="'.
         $args['target'].'" title="'.$content.
```

```
           '">'.$content.'</a>';
}
//ShortCode hinzufuegen
add_shortcode('sLink', 'shortCode_sLink');
?>
```

Innerhalb des Editors können Sie jetzt den ShortCode [sLink] verwenden, und WordPress kürzt die angegebene URL im Parameter href automatisch ab.

So sieht es im Back-End aus:

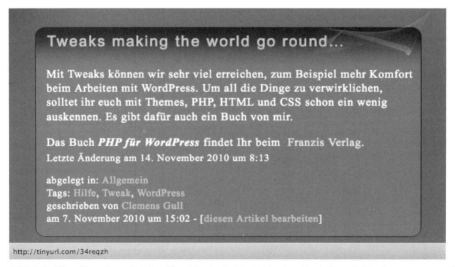

Bild 3.7: Das Editorfenster mit einem ShortCode zum Kürzen des Links.

So sieht es im Front-End aus:

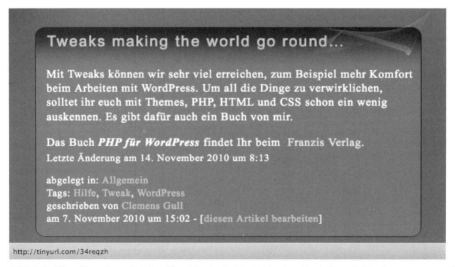

Bild 3.8: Wie Sie sehen, ist der ShortCode [sLink] in den Text *Franzis Verlag* umgewandelt worden. In der Statusleiste des Browsers sehen Sie auch die verkürzte URL.

3.2.2 Tweak #82: Ein Inserat in einen Post mit ShortCode einfügen

Unterstützt von:

Aufgabe:
Wir verwenden Google AdSense oder einen ähnlichen Anzeigendienst in unserem Blog. Wir suchen eine einfache Möglichkeit, während des Schreibens eine Anzeige einzufügen.

Gefahren:
Konflikte mit bereits bestehenden Filtern.

> **Tipp:**
> Sollten Sie eine WordPress-Version kleiner als 2.5 einsetzen, dann ist dringend ein Update anzuraten. Einerseits ist diese Version nicht sehr sicher, andererseits wurden ShortCodes erst mit Version 2.5 eingeführt.

WordPress-Datei:
functions.php

Neue Dateien:
shortCode_AdSense_Small.php

Für diesen Tweak müssen Sie eine neue Funktion erzeugen. Diese erzeugt das Inserat an der gewünschten Stelle des Artikels, sobald Sie den ShortCode [adsense_sw] im Artikel-Editor im Back-End eingeben. Dazu müssen Sie aber den gezeigten Code anpassen. Die Variable google_ad_client muss die ID Ihres Google-AdSense-Kontos enthalten, in google_ad_slot tragen Sie die ID des gewünschten Inserats von Google ein. Sie finden diese Zahl bei jedem Inserat in Ihrem Google-Konto, sobald Sie auf Anzeigen verwalten klicken. Die Breite und die Höhe werden ebenfalls bei der Inseratenliste in der Spalte Größe angezeigt.

```
<?php
/*******************
 * Funktion:  Inserat von GoogleAdsense als ShortCode
 *            in Posts verwenden
 * WordPress: ab 2.5
```

```
 * Styles:     keine
 * Wirkung:    Back-End > Editor
 *             Front-End > Posts
 * Aufruf:     [adsense_sw]
 *
 * Name:       shortCode_AdSense_Small
 * Parameter: keine externen
 *            intern (im Quellcode):
 *               Alle Werte sind in GoogleAdsense ablesbar
 *               ID ................ adSense-Publisher-ID
 *               ad_slot ........... ID des Inserats
 *               google_ad_width .... Breite in Pixel
 *               google_ad_height ... Hoehe in Pixel
 * Rueckgabe: direkte Ausgabe des Resultats im Front-End
 *********************/
function shortCode_AdSense_Small() {
  $ad = '<div id="adsense">'.
        '<script type="text/javascript">'.
        '<!--'.
        'google_ad_client = "pub-DeineEigeneAdSenseID";'.
        'google_ad_slot   = "ID_des_Inserats";'.
        'google_ad_width  = 200;'.
        'google_ad_height = 200;'.
        '//-->'.
        '</script>'.
        '<script type="text/javascript" '.
        'src="http://pagead2.googlesyndication.com/'.
        'pagead/show_ads.js">'.
        '</script>'.
        '</div>';
   //Inserat zurueckgeben
   return $ad;
}
//Den ShortCode aktivieren
add_shortcode('adsense_sw', 'shortCode_AdSense_Small');
?>
```

3.2 ShortCodes verwenden

So sieht es im Back-End aus:

Bild 3.9: Sie schreiben Ihren Post ganz normal. Sobald Sie ein Inserat einblenden wollen, schreiben Sie den ShortCode `[adsense_sw]`.

So sieht es im Front-End aus:

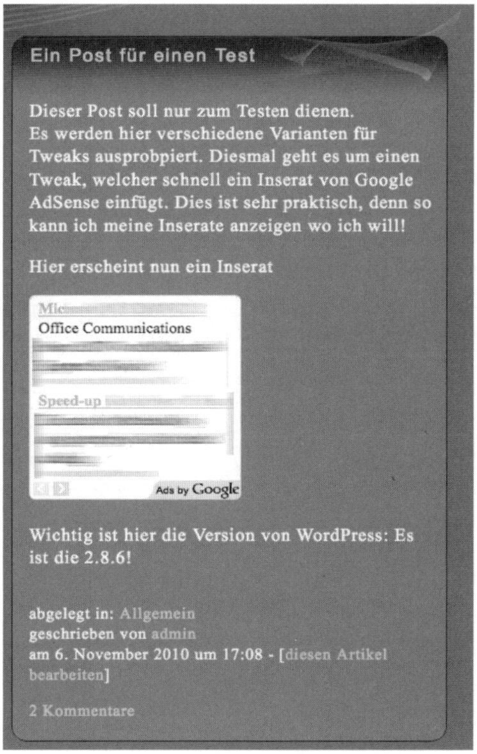

Bild 3.10: Der eingefügte ShortCode wird durch das Inserat ersetzt.

3.2.3 Tweak #83: GoogleMaps als ShortCode einfügen

Unterstützt von:

Aufgabe:

Ich benötige immer wieder Landkarten. Dafür eignet sich am Besten der Dienst GoogleMaps. Am liebsten würde ich diese über einen ShortCode einfügen.

Gefahren:

Aufgrund des Zugriffs auf einen externen Datendienst kann sich die Darstellung des Blogs verlangsamen.

WordPress-Datei:

functions.php

Neue Dateien:

shortCode_GMap.php

Diese Funktion ermöglicht die Verwendung des ShortCodes gMap. Zusätzlich können Sie die Breite in Pixel über den Parameter width und die Höhe in Pixeln mit dem Parameter height einstellen. Der Parameter src nimmt den Mittelpunkt der Landkarte an. Diese URL finden Sie direkt in GoogleMaps, sobald Sie auf den Punkt *Link* klicken.

```
<?php
/*********************
 * Funktion:  GoogleMap als ShortCode in Posts verwenden
 * WordPress: ab 2.5
 * Styles:    keine
 * Wirkung:   Back-End > Editor
 *            Front-End > Posts
 * Aufruf:    [gMap src='' height='' width='']
 *
 * Name:      shortCode_GMap
 * Parameter: -
 * Rueckgabe: direkte Ausgabe des Resultats im Front-End
 *********************/
function shortCode_GMap($atts, $content = null) {
//Attribtue des ShortCodes lesen
```

```
extract(shortcode_atts(array(
                "width" => '380',
                "height" => '450',
                "src" => 'http://maps.google.at/maps'.
                    '?f=q&source=s_q&hl=de&geocode='.
                    '&q=Franzis+Verlag,+M%C3%BCnchen'.
                    '&sll=48.182254,13.578913'.
                    '&sspn=1.585926,2.911377&ie=UTF8'.
                    '&oi=localspell&cd=1'.
                    '&hq=Franzis+Verlag,'.
                    '&hnear=M%C3%BCnchen,+Bayern,'.
                    '+Deutschland&ll=48.166429,'.
                    '11.755543&spn=0.096288,0.181961'.
                    '&z=13&iwloc=A'
                ), $atts));
//Map zusammenstellen
$gMap = '<iframe width="'.$width.'" height="'.$height.
        '" frameborder="0" scrolling="no" marginheight="0" '.
        'marginwidth="0" src="'.$src.
        '&amp;output=embed" class="gMap"></iframe>';
//GMap zurueckgeben
return $gMap;
}
//ShortCode aktivieren
add_shortcode("gMap", "shortCode_GMap");
?>
```

3.2.4 Tweak #84: Mit einem ShortCode den Inhalt eines Posts ausblenden, damit nur registrierte Benutzer ihn sehen können

Unterstützt von:

Aufgabe:

Ich will einen bestimmten Text meines Artikels mit einem ShortCode umschließen. Dieser Inhalt soll danach nur für angemeldete Benutzer sichtbar sein. Alle anderen sollen einen Hinweis auf die Sperre erhalten.

Kapitel 3: Aufwendige Tweaks

Gefahren:

keine

WordPress-Datei:

functions.php

Neue Dateien:

keine

Durch den neuen ShortCode müssen Sie nur den zu schützenden Text zwischen [gesperrt] und [/gesperrt] schreiben, um die Information auszublenden. Durch diesen Tweak wird die Information nur für angemeldete Benutzer sichtbar.

```php
<?php
/********************
 * Funktion:    Eine gesperrten Bereich mit
 *              einem ShortCode einfuegen
 * WordPress: ab 2.5
 * Styles:      keine
 * Wirkung:     Back-End > Editor
 *              Front-End > Posts
 * Aufruf:      [gesperrt]...[/gesperrt]
 *
 * Name:        shortCode_gesperrt
 * Parameter: -
 * Rueckgabe: direkte Ausgabe des Resultats im Front-End
 ********************/
function shortCode_gesperrt($atts, $content = null) {
  //Falls der Leser angemeldet ist und
  //Inhalt im ShortCode vorhanden ist
  if (is_user_logged_in() &&
      !is_null($content)) {
    //Inhalt zurueckgeben
    return $content;
  } else {
    //Inhalt des ShortCodes ersetzen
    return '<span class="gesperrt">Diesen Teil k&ouml;nnen wir nur<br/><strong>registrierten Mitgliedern</strong> zeigen.<br/>Du kannst Dich jetzt sofort <a href="'.get_bloginfo('url').
        '/wp-register.php">registrieren</a>!</span>';
  }
}
//ShortCode hinzufuegen
add_shortcode('gesperrt', 'shortCode_gesperrt');
?>
```

So sieht es im Front-End aus:

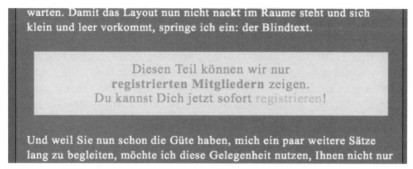

Bild 3.11: Nicht angemeldete Benutzer sehen nur einen Hinweis statt den echten Text.

3.3 Zusätzliche Informationen für den Blog

3.3.1 Tweak #85: Einen ShortCode verwenden, um Teile des Artikels nicht automatisch zu formatieren

Unterstützt von:

Aufgabe:

Innerhalb eines Artikels möchten Sie zwischen zwei ShortCodes Text schreiben, der von WordPress nicht automatisch formatiert wird. Sie möchten dafür kein Plug-In verwenden, denn so oft kommt unformatierter Text in Ihrem Blog nicht vor.

Gefahren:

keine

WordPress-Datei:

functions.php

Neue Dateien:

shortCode_plain.php

Dieser Tweak erstellt eine neue Funktion, die die nicht zu formatierenden Teile extrahiert und den Inhalt des Artikels neu zusammenstellt. Dadurch wird der Inhalt aus formatierten und unformatierten Teilen neu zusammengesetzt. Der Aufruf erfolgt über einen Filter. Um die automatische Formatierung zu deaktivieren, werden zuerst die beiden Funktionen von WordPress mit `remove_filter()` abgeschaltet. Innerhalb der neuen Funktion werden dann diese Funktionen nur für die zu formatierenden Teile aufgerufen.

```php
<?php
/*********************
 * Funktion:    Einen ShortCode verwenden, um Teile des Artikels
 *              nicht automatisch zu formatieren
 * WordPress:   ab 2.5
 * Styles:      keine
 * Wirkung:     Back-End > Editor
 *              Front-End > Posts
 * Aufruf:      [plain]Text[/plain]
 *
 * Name:        shortCode_plain
 * Parameter:   $content string
 *              Inhalt des Artikels
 * Rueckgabe:   direkte Ausgabe des Resultats im Front-End
 *********************/
function shortCode_plain($content) {
  //Variable fuer den neuen Inhalt initialisieren
  $nContent = '';
  //Pattern um den gesamten Content zu durchsuchen und die
  //passenden Bereiche zu etrahieren
  $patCont = '{(\[plain\].*?\[/plain\])}is';
  //Pattern, um die einzelnen Teile, welche nicht formatiert
  //werden sollen zu extrahieren
  $patPart = '{\[plain\](.*?)\[/plain\]}is';
  //Ein Array mit den Teilen
  //(formatieren und nicht formatieren) erstellen
  $parts = preg_split($patCont, $content, -1,
                      PREG_SPLIT_DELIM_CAPTURE);
  //Durch das Array mit den Teilen des Inhalts iterieren
  foreach ($parts as $part) {
    //Falls ein Teil nicht zu formatieren ist
    if (preg_match($patPart, $part, $matches)) {
      //zum neuen Content hinzufuegen und um
      //Formate und Text ergaenzen
      $nContent .= '<strong>Der Quellcode:</strong>'.
```

```
                       '<pre class="code">'.$matches[1].'</pre>';
    } else {
      //Falls er zu formatieren ist, die WordPress Funktionen
      //aufrufen, formatieren und zum neuen Content hinzufuegen
      $nContent .= wptexturize(wpautop($part));
    }
  }
  //Den neuen Content zurueckgeben
  return $nContent;
}
//Filter fuer automatisches Formatieren deaktiveren
remove_filter('the_content', 'wpautop');
remove_filter('the_content', 'wptexturize');
//Filter aktivieren
add_filter('the_content', 'shortCode_plain', 99);
?>
```

Nun können Sie noch eine CSS-Klasse definieren, um den unformatierten Text hervorzuheben.

```
pre.code {
  margin: 20px 50px 20px 50px;
  padding: 5px 10px 5px 10px;
  border: 1px solid #000000;
  background-color: #E0E0E0;
  color: black;
}
```

So sieht es im Back-End aus:

Bild 3.12: Im Editor des Back-Ends geben Sie den nicht zu formatierenden Text zwischen [plain] und [/plain] ein.

So sieht es im Front-End aus:

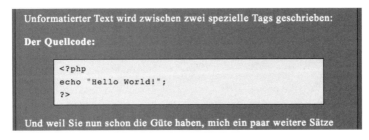

Bild 3.13: Durch die neue Funktion und den zusätzlichen Stil gibt WordPress den Inhalt des ShortCodes unformatiert aus.

3.3.2 Tweak #86: Eine Fußzeile mit aktuellem Urheberrechtshinweis erzeugen

Unterstützt von:

3.3 Zusätzliche Informationen für den Blog

Aufgabe:

Die Fußzeile Ihres Blogs soll immer das aktuelle Anfangs- und Enddatum anzeigen, sodass Sie nicht jedes Jahr vergessen, diese Anpassungen zu machen.

Gefahren:

keine

WordPress-Datei:

functions.php
footer.php

Neue Dateien:

footerCopyright.php

Die neue Funktion ermittelt aus der WordPress-Datenbank den ältesten und jüngsten Artikel und stellt daraus die beiden Datumswerte zusammen. Zusätzlich werden noch weitere Informationen des Blogs zusammengestellt und in der Fußzeile ausgegeben.

```php
<?php
/*******************
 * Funktion:    Fusszeile mit passenden Datumswerten erzeugen
 * WordPress:   ab 2.5
 * Styles:      keine
 * Wirkung:     Front-End > Footer
 * Aufruf:      direkt
 *
 * Name:        footerCopyright
 * Parameter:   $showAdmin boolean
 *                  Anzeige des vollen Namens des Administrators
 *                  Standardwert ist: true
 *                  moegliche Werte:  true .... vollen Namen anzeigen
 *                                    false ... keine Namensanzeige
 *              $setAdminEmail boolean
 *                  Admin-Email auf Namen verlinken
 *                  Standardwert ist: true
 *                  moegliche Werte:  true .... mailto-Link erstellen
 *                                    false ... keine Verlinkung
 * Rueckgabe: direkte Ausgabe
 *******************/
function footerCopyright($showAdmin = true,
                        $setAdminEmail = true) {
    //WordPress-Datenbank
    global $wpdb;
    //SQL-Abfrage zusammenstellen
    $sqlQuery = 'SELECT MONTH(min(post_date_gmt)) AS aMonat,'.
```

```php
            'YEAR(min(post_date_gmt)) AS aJahr,'.
            'MONTH(max(post_date_gmt)) AS eMonat,'.
            'YEAR(max(post_date_gmt)) AS eJahr'.
            ' FROM '.$wpdb->posts.
            ' WHERE post_status = "publish" ';
//SQL-Abfrage durchfuehren
$dates = $wpdb->get_results($sqlQuery);
//Copyright Hinweis
$copyNotice = '&copy; alle Rechte vorbehalten, ';
//Falls es veroeffentlichte Posts gibt
if($dates) {
  //Anfangsdatum
  $startDate = $dates[0]->aMonat.'/'.$dates[0]->aJahr;
  //Endedatum
  $endDate   = $dates[0]->eMonat.'/'.$dates[0]->eJahr;
  //Falls die zwei Datumswerte gleich sind, nur einen ausgeben
  if ($startDate == $endDate) {
    $copyNotice .= $startDate;
  } else {
    $copyNotice .= $startDate.' - '.$endDatum;
  }
} else {
  //Falls keine Posts gefunden wurden,
  //das aktuelle Jahr ausgeben
  $copyNotice .= date('Y');
}
$copyNotice .= ' von ';
//Falls Admin-Name angezeigt werden soll
if ($showAdmin) {
  //eMail-Adresse des Administrators
  $adminEmail = get_option('admin_email');
  //Daten des Admins ueber seine eMail-Adresse ermitteln
  $adminData = get_user_by_email($adminEmail);
  //Vor-/Nachname erstellen
  $adminName = $adminData->first_name.' '.
               $adminData->last_name;
  //Falls die Email-Verlinkung erzeugt werden soll
  if ($setAdminEmail) {
    $adminName = '<a href="mailto:'.$adminEmail.'">'.
                 $adminName.'</a>';
  }
  $copyNotice .=  $adminName.', ';
}
//Blogname hinzufuegen
$copyNotice .= get_bloginfo('name');
```

```
    //Ort und Staat hinzufuegen
    $copyNotice .= ', Salzburg/&Ouml;sterreich';
    //Copyright ausgeben
    echo $copyNotice;
}
?>
```

Die Funktion müssen Sie jetzt in der Datei für die Fußzeile aufrufen, damit Sie auch das Resultat im Blog sehen.

```
<!-- anfang des footers -->
    <div id="footer">
        <p>
            <?php footerCopyright(); ?><br/>
            <?php if (get_option('tweak_showQueries')) {showQueries();} ?>
        </p>
    </div>
<!-- ende des footers -->
```

So sieht es im Front-End aus:

© alle Rechte vorbehalten, 11/2010 von Clemens Gull, WordPress Tweaks, Salzburg/Österreich
2.46339 Abfragen in 2.463 Sekunden

Bild 3.14: Mit dieser neuen Funktion werden immer aktuelle Datumswerte in der Fußzeile angezeigt.

3.3.3 Tweak #87: Im Text des more-Tags den Titel des Artikels anzeigen

Unterstützt von:

Aufgabe:

Sie wollen den Text des more-Tags verändern und gleichzeitig den Titel des Artikels innerhalb dieses Textes anzeigen. Dies soll aber für den gesamten Blog automatisch verändert werden.

Gefahren:

keine

WordPress-Datei:

functions.php

Neue Dateien:

moreChangeTextAddTitle.php

Für die Lösung können wir den Tweak #18 einfach anpassen, indem wir den Titel einfügen.

```php
<?php
/********************
 * Funktion:   Den Text im more-Tag austauschen und
 *             den Post-Titel einfuegen
 * WordPress: ab 2.8
 * Styles:     keine
 * Wirkung:    Front-End
 * Aufruf:     Filter
 *
 * Name:       moreChangeTextAddTitle
 * Parameter: $mLink string
 *             Der Hyperlink des more-Tags
 *             $mText string
 *             Der Text des more-Tags
 * Rueckgabe: string
 *             der angepasste more-Link
 ********************/
function moreChangeTextAddTitle($mLink, $mText) {
  //neuer more-Text
  $newText = 'bleib informiert - lies "'.
             get_the_title('', '', false).'" weiter';
  //more-Link zurueckgeben
  return str_replace($mText, $newText, $mLink);
}
//Filter aktivieren
add_filter(
  'the_content_more_link', 'moreChangeTextAddTitle', 10, 2
);
?>
```

So sieht es im Front-End aus:

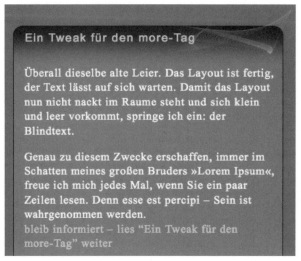

Bild 3.15: Im Front-End sehen Sie, wie WordPress den more-Text anpasst und den Titel des Artikels einfügt.

3.3.4 Tweak #88: Die Kategorien eines Artikels als Bild anzeigen

Unterstützt von:

Aufgabe:

Die Artikel werden von Ihnen in einzelnen Kategorien abgelegt. Diese zeigen Sie am Ende jedes Artikels als Text an. Nun hätten Sie gerne statt des Textes kleine Bilder oder Icons, die die Kategorien besser veranschaulichen.

Gefahren:
keine

WordPress-Datei:
functions.php
Alle Dateien, die Artikel anzeigen

Neue Dateien:

showPostCategories.php

Die folgende neue Funktion können Sie an jeder Stelle aufrufen, an der ein Artikel angezeigt wird. Aber damit alles richtig funktioniert, benötigen Sie noch die Bilder für die Kategorien. Diese müssen im aktiven Thema, in das Unterverzeichnis *images/* gespeichert werden. Falls Sie an der Funktion nichts ändern, müssen es JPG-Dateien sein, die den Namen `cat-` und die ID der Kategorie erhalten, beispielsweise *cat-1.jpg* für die Kategorie *Allgemein*.

```php
<?php
/*********************
* Funktion:   Kategorien mit Bildern ausgeben
* WordPress:  alle
* Styles:     keine
* Wirkung:    Front-End > Loop
* Aufruf:     direkt
*
* Name:       showPostCategories
* Parameter:  $showName boolean
*             Kategoriename mit den Bildern anzeigen
*             Standardwert ist: true
*             moegliche Werte: true .... Namen anzeigen
*                              false ... nur Bilder anzeigen
* Rueckgabe: direkte Ausgabe des Resultats
*********************/
function showPostCategories($showName = true) {
  //aktive Kategorien holen und durchiterieren
  foreach((get_the_category()) as $category) {
     //der Name im Dateisystem
     $cName = $category->category_nicename;
     //der Anzeigname
     $cTitle = $category->cat_name ;
     //die ID
     $cID =   $category->cat_ID;
     //Link und Bild zusammenstellen
     $cat = '<a href="/category/'.$cName.'" title="'.$cTitle.
            '"><img src="'.get_bloginfo('stylesheet_directory').
            '/images/cat-'.$cID.'.jpg" alt="'.$cTitle.'" '.
            'border="0" width="64" height="64" '.
            'class="post-cat" />';
     //Name der Kategorie anzeigen?
     if ($showName) {
       //Wenn Name angezeigt wird,
       //die Kategorie in einen span einfuegen
       $cat = '<span class="cat-img">'.$cat.'<br/>'.
```

```
                $cTitle.'</a></span>';
    } else {
      //kein Kategoriename => Link schliessen
      $cat .= '</a>';
    }
    //Kategorie zur Ausgabevariable hinzufuegen
    $outPut .= $cat;
  }
  //Bereinigen der CSS-Style
  if ($showName) {
    $outPut .= '<div class="clear"> </div>';
  }
  //Kategorien ausgeben
  echo $outPut;
}
?>
```

Nun sollten Sie auch noch die passenden Stile erstellen. Sie benötigen einen für das Bild, einen für das `span`-Element und auch noch einen Stil für ein eventuelles Reset-Element.

```
/* Kategoriebilder */
img.post-cat {
  border: 2px solid transparent;
  margin: 2px;
}
/* Hover fuer Kategoriebilder */
img.post-cat:hover {
  border: 2px solid #CEDD47;
}
/* span-Element der Kategoriebilder */
span.cat-img {
  display: inline-block;
  float: left;
  text-align: center;
}
/* Reset-Element */
.clear {
  float: none;
  clear: both;
  height: 1px;
  font-size: 1px;
}
```

So sieht es im Front-End aus:

Bild 3.16: Sobald die Funktion, die Stile und die Bilder vorhanden sind, werden die Kategoriebilder bei einem Artikel angezeigt.

3.3.5 Tweak #89: Die übergeordneten Seiten als Navigationsstruktur in der Seitenansicht darstellen

Unterstützt von:

Aufgabe:

Sie wollen für untergeordnete Seiten eine Navigation auf die Elternseite oder, falls es mehrere Seiten gibt, auf die komplette Struktur erstellen.

Gefahren:

keine

WordPress-Datei:

functions.php

page.php

Neue Dateien:

showPageParent.php

Sie brauchen die neue Funktion nur direkt an der für Sie passenden Stelle in das Template für die Seitenansicht einbauen. Wichtig ist, dass Sie die aktive Seite so übergeben, wie es hier dargestellt ist: `<?php showPageParent($post); ?>`. Durch den rekursiven (in sich wiederkehrenden) Aufruf der Funktion werden alle übergeordneten Seiten bis zur obersten Seite ermittelt und dargestellt.

```php
<?php
/*********************
 * Funktion:   Die uebergeordneten Seiten
 * WordPress:  alle
 * Styles:     keine
 * Wirkung:    Front-End > Seiten
 * Aufruf:     direkt
 *
 * Name:       showPageParent
 * Parameter:  $post object
 *             der aktive Post/Page
 *             $link boolean
 *             Link fuer übergeordnete Seiten erzeugen
 *             Standardwert ist: true
 *             moegliche Werte:  true .... Link erzeugen
 *                               false ... nur Titel verwenden
 *             $echo boolean
 *             Ausgabe oder Rueckgabe der Elternseiten
 *             Standardwert ist: true
 *             moegliche Werte:  true .... direkte Ausgabe
 *                               false ... Rueckgabe als Wert
 *             $sep string
 *             Trennzeichen fuer mehrere Seiten
 * Rueckgabe: je nach Wert von $echo
 *********************/
function showPageParent($post,
                       $link = true,
                       $echo = true,
                       $sep = ' &raquo; ') {
  //Falls es eine uebergeordnete Seite gibt
  if ($post->post_parent) {
    //Titel der Elternseite
    $pTitle = get_the_title($post->post_parent);
    //Falls eine Verlinkung gefordert ist
    if ($link) {
      //Permalink ermitteln
      $href = get_permalink($post->post_parent);
      //Titel neuzusammenstellen
      $pTitle = '<a href="'.$href.'" title="'.$pTitle.
                '">'.$pTitle.'</a>';
    }
    //Elternpost ermitteln
    $nPost = get_post($post->post_parent);
```

```
   //Falls Elternpost eine Kindseite ist
   if ($nPost->post_parent) {
     //rekursiver Aufruf der Funktion
     $parent = showPageParent($nPost, true, false);
     //Titel mit naechsten Post und Separator ergaenzen
     $pTitle .= $sep.$parent;
   }
 } else {
   //keine uebergeordnete Seite gefunden
   $pTitle = '';
 }
 //falls direkte Ausgabe
 if ($echo) {
   //falls Seiten gefunden wurden, diese formatiert ausgeben
   if ($pTitle != '') {
     echo '<p>&uuml;bergeordnete Seiten:<br/><small>'.
          $pTitle.'</small></p>';
   }
 } else {
   //Titel zurueckgeben
   return $pTitle;
 }
}
?>
```

So sieht es im Front-End aus:

Bild 3.17:
Die Seiten stellen sich mit der neuen Navigationsstruktur dar.

3.3.6 Tweak #90: Alle Posts von vor genau einem Jahr in der Seitenleiste darstellen

Unterstützt von:

Aufgabe:

Es sollen alle Posts, die auf den Tag genau ein Jahr alt sind, in einem Widget in der Seitenleiste dargestellt werden. Dadurch können Sie ältere Posts wieder zum Leben erwecken.

Gefahren:

keine

WordPress-Datei:

functions.php

sidebar.php

Neue Dateien:

showPostAYearAgo.php

Sie können für diesen Tweak die folgende neue Funktion erstellen. Dadurch wird die Datenbank nach den alten Posts durchsucht und alle gefundenen Artikel werden in li-Elementen ausgegeben.

```php
<?php
/*******************
 * Funktion:    Was wurde heute vor einem Jahr gepostet?
 * WordPress:   alle
 * Styles:      keine
 * Wirkung:     Front-End > Seitenleiste
 * Aufruf:      direkt
 *
 * Name:        showPostAYearAgo
 * Parameter:   ---
 * Rueckgabe:   direkte Ausgabe des Resultats
 *******************/
function showPostAYearAgo() {
  //WordPress Datenbank
  global $wpdb;
  //aktuelle Zeit ermitteln
  //und auf die passende WordPress-Version pruefen
  if (function_exists('current_time_fixed')) {
    $today = current_time_fixed('mysql');
  } else {
    $today = current_time('mysql');
  }
  //Datum und Zeit aufteilen
  $dParts = explode(" ", $today);
  //Datumswerte splitten
```

```php
  $dPart = explode("-", $dParts[0]);
  //SQL-Abfrage zusammenstellen
  $sqlQuery = "SELECT id FROM $wpdb->posts ".
              "WHERE day(post_date) = ".$dPart[2].
              " AND month(post_date) = ".$dPart[1].
              " AND year(post_date) = ".($dPart[0] - 1);
  //Abfrage der Posts von vor einem Jahr
  $Posts = $wpdb->get_results($sqlQuery);
  //Falls Posts gefunden wurden
  if ($Posts) {
    //Jeden gefunden Post durchgehen
    foreach ($Posts as $Post) {
      //Titel des Posts ermitteln
      $title = wptexturize(get_the_title($Post -> post_id));
      //Permalink fuer den Post ermitteln
      $link = get_permalink($Post -> post_id);
      //Jeden Post in ein li-Element ausgeben
      echo '<li><a href="'.$link.'" title="'.$title.'">'.
           $title.'</a></li>';
    }
  } else {
    //Meldung falls nichts gefunden wurde
    echo '<li>Es wurden leider keine Artikel gefunden.</li>';
  }
}
?>
```

Nun benötigen Sie noch eine Anpassung in der Seitenleiste. Sie fügen an der für Sie passenden Stelle folgende Zeilen ein, um das Widget zu erzeugen:

```php
<?php
// Nur ausfuehren, wenn die Funktion erstellt wurde
if (function_exists('showPostAYearAgo')):
?>
  <li class="widget">
    <h2 class="widgettitle">Vor einem Jahr</h2>
    <ul>
      <?php showPostAYearAgo(); ?>
    </ul>
  </li>
<?php endif; ?>
```

3.3.7 Tweak #91: Die Posts mit den meisten Kommentaren in der Seitenleiste anzeigen

Unterstützt von:

Aufgabe:

Die Posts mit den meisten Kommentaren sollen als Liste in der Seitenleiste angezeigt werden. Dabei ist es wichtig, dass nur Posts mit Kommentaren gefiltert werden. Zusätzlich soll die Anzahl der maximal angezeigten Posts, wie viele Kommentare mindestens vorhanden sein müssen und auch, ob die Anzahl der Kommentare angezeigt werden soll, konfigurierbar sein.

Gefahren:

keine

WordPress-Datei:

functions.php

sidebar.php

Neue Dateien:

showPostMostCommented.php

In der Datei *functions.php* müssen Sie die folgenden Zeilen einfügen. Diese Funktion filtert die Tabelle mit den Posts nach den kommentarreichsten Beiträgen. Dabei ist es von Vorteil, dass WordPress diese bereits in einem eigenen Datenfeld mitzählt. Informationen zu den Parametern und den möglichen Werten erhalten Sie im Kommentarblock am Anfang der Funktion.

```
<?php
/*******************
 * Funktion:   Am meisten kommentierte Posts anzeigen
 * WordPress:  alle
 * Styles:     keine
 * Wirkung:    Front-End > Seitenleiste
 * Aufruf:     direkt
 *
 * Name:       showPostMostCommented
```

```
 * Parameter: $count integer
 *            legt die Zahl der anzuzeigenden Posts fest
 *            Standardwert ist: 5
 *            moegliche Werte: alle positiven Zahlen
 *            $minComment integer
 *            legt die Mindestanzahl der Kommentare fest
 *            Standardwert ist: 1
 *            moegliche Werte: alle positiven Zahlen, inkl. 0
 *            $showCommentCount boolean
 *            zeigt die Anzahl der Kommentare
 *            Standardwert ist: false
 *            moegliche Werte: true .... Anzahl anzeigen
 *                             false ... Anzahl verbergen
 * Rueckgabe: direkte Ausgabe des Resultats
 *********************/
function showPostMostCommented($count = 5,
                               $minComment = 1,
                               $showCommentCount = false) {
  //WordPress Datenbank
  global $wpdb;

  //SQL-Abfrage zusammenstellen
  $sqlQuery = "SELECT comment_count, ID, post_title ".
              "FROM $wpdb->posts ".
              "WHERE comment_count >= ".$minComment.
              " ORDER BY comment_count DESC ".
              "LIMIT ".$count;
  //SQL-Abfrage durchfuehren
  $Posts = $wpdb->get_results($sqlQuery);
  //Durch alle Posts iterieren
  foreach ($Posts as $Post) {
     //Titel des Posts ermitteln
     $title = wptexturize(get_the_title($Post->ID));
     //Permalink fuer den Post ermitteln
     $link  = get_permalink($Post->ID);
     //Anzahl der Kommentare zeigen?
     $commentsCount = "";
     if ($showCommentCount) {
       $commentsCount = " [".$Post->comment_count." Kommentar";
       //Mehrzahl oder Einzahl?
       if ($Post->comment_count != 1) {
         $commentsCount .= "e]";
       } else {
         $commentsCount .= "]";
       }
```

```
        }
        //Jeden Post in ein li-Element ausgeben
        echo '<li><a href="'.$link.'" title="'.$title.'">'.$title.
            $commentsCount.'</a></li>';
    }
}
?>
```

Um die li-Elemente darzustellen, wird ein Codeblock in der Seitenleiste benötigt. Dieser erzeugt nach der Prüfung, ob die notwendige Funktion vorhanden ist, das Widget in der Seitenleiste.

```
<?php
//Falls die Kommentar-Funktion vorhanden ist
if (function_exists('showPostMostCommented')):
?>
    <li class="widget">
      <h2 class="widgettitle">Aufreger!</h2>
      <ul>
        <?php showPostMostCommented(); ?>
      </ul>
    </li>
<?php endif; ?>
```

3.3.8 Tweak #92: Die Anzahl der Kommentare je Benutzer in der Seitenleiste anzeigen

Unterstützt von:

Aufgabe:
Sie möchten die Anzahl der Kommentare je Benutzer in der Seitenleiste anzeigen. Dadurch können Sie Ihre Leser zu mehr Interaktivität anspornen.

Gefahren:
Durch die direkte SQL-Abfrage kann die Geschwindigkeit des Blogs negativ beeinflusst werden.

WordPress-Datei:

functions.php

sidebar.php

Neue Dateien:

keine

Mit der Funktion wird eine Abfrage der Datenbank durchgeführt und die Anzahl der Kommentare wird mit dem Benutzernamen in einzelnen li-Elementen ausgegeben. Mit den beiden Parametern können die Ausgabe der Kommentare des Administrators und auch das letzte Kommentardatum gesteuert werden.

```
<?php
/*********************
 * Funktion:   Ausgabe der Kommentare je Benutzer
 * WordPress:  alle
 * Styles:     keine
 * Wirkung:    Front-End > Seitenleiste
 * Aufruf:     direkt
 *
 * Name:       showPostCommentsByUser
 * Parameter:  $hideAdmin boolean
 *             Soll der Administrator versteckt werden
 *             Standardwert ist: true
 *             moegliche Werte:  true .... Admin verstecken
 *                               false ... Admin anzeigen
 *             $maxDate boolean
 *             Datum des letzten Kommentars anzeigen
 *             Standardwert ist: true
 *             moegliche Werte:  true .... Datum anzeigen
 *                               false ... Datum verstecken
 * Rueckgabe: direkte Ausgabe
 *********************/
function showPostCommentsByUser($hideAdmin = true,
                                $maxDate = true) {
  //WordPress Datenbank
  global $wpdb;
  //SQL-Abfrage zusammenstellen
  $sqlQuery = 'SELECT DISTINCT '.
              'COUNT(comment_post_ID) AS comments, '.
              'comment_author, user_id, comment_author_email, '.
              'MAX(comment_date) AS datum '.
              'FROM '.$wpdb->comments.' '.
```

```
                    'GROUP BY comment_author '.
                    'ORDER BY COUNT(comment_post_ID) DESC';
  //SQL-Abfrage durchfuehren und in Array speichern
  $comments = (array) $wpdb->get_results($sqlQuery, object);
  //Admministrator eMail ermitteln
  $adminEmail = strtolower(trim(get_option('admin_email')));
  //Durch das Array iterieren
  foreach ($comments as $comment) {
    //eMail verarbeiten
    $cEmail = strtolower(trim($comment->comment_author_email));
    //Pruefen ob die Zeile versteckt werden soll
    if ($hideAdmin &&
        cEmail != $adminEmail) {
      break;
    }
    //Falls Datum angezeigt werden soll
    $datum = '';
    if ($maxDate) {
      $datum = date('j. n. Y \u\m G:i',
                    strtotime($comment->datum));
    }
    //Zeile ausgeben
    echo '<li>'.$comment->comment_author.' kommentierte '.
        $comment->comments.' mal ('.$datum.')</li>';
  }
}
?>
```

Um die Ausgabe zu aktivieren, müssen Sie in der Seitenleiste ein neues Widget erstellen.

```
<li class="widget">
  <h2 class="widgettitle">Kommentare!</h2>
  <ul>
    <?php showPostCommentsByUser(true, true); ?>
  </ul> </li>
```

So sieht es im Front-End aus:

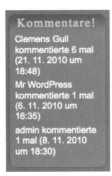

Bild 3.18: Die Liste der Kommentatoren wird in der Seitenleiste angezeigt.

3.3.9 Tweak #93: Unterkategorien einer ausgewählten Kategorie anzeigen

Unterstützt von:

Aufgabe:

Innerhalb der Ansicht einer Kategorie möchten Sie die Unterkategorien, falls solche vorhanden sind, als hierarchische Liste anzeigen.

Gefahren:

keine

WordPress-Datei:

functions.php

Dateien, die die Kategorieansicht erstellen

Neue Dateien:

showCategories_Sub.php

Mit dieser neuen Funktion werden die Unterkategorien einer bestehenden Kategorie ermittelt. Diese Informationen werden als einzelne, anklickbare li-Elemente dargestellt. Um die Liste anzuzeigen, müssen Sie den Namen der Funktion showCategories_Sub() in der entsprechenden Datei verwenden.

```php
<?php
/*********************
* Funktion:    Unterkategorien zu einer Kategorie anzeigen
* WordPress:   ab 2.3
* Styles:      keine
* Wirkung:     Front-End > Kategorien
* Aufruf:      Filter
*
* Name:        showCategories_Sub
* Parameter:   $hideEmtpy boolean
*              Kategorien ohne Posts ausblenden
*              Standardwert ist: false
*              moegliche Werte:   true .... Kategorien ausblenden
*                                 false ... Alle Kategorien zeigen
*              $showPosts boolean
*              Anzahl der Posts hinter der Kategorie zeigen
*              Standardwert ist: false
*              moegliche Werte:   true .... Anzahl anzeigen
*                                 false ... Artikelanzahl
*                                           unterdruecken
*              $echo boolean
*              Ausgabe der Daten oder Rueckgabe als string
*              Standardwert ist: false
*              moegliche Werte:   true .... direkte Ausgabe
*                                 false ... Rueckgabe als string
* Rueckgabe: je nach Parameter $echo
*********************/
function showCategories_Sub($hideEmpty = false,
                            $showPosts = false,
                            $echo = false) {
  //eine leere Liste erstellen
  $catList = '';
  //nur wenn die Kategorieansicht angezeigt wird
  if (is_category()) {
    //die aktuelle Kategorie ermitteln
    $actCat = get_category(get_query_var('cat'),false);
    //Unterkategorien der aktuellen Kategorie ermitteln
    $catChildren = get_category_children($actCat->cat_ID);
    //Nur falls Unterkategorien vorhanden sind
    if (catChildren != "") {
      //Kopf der Liste erstellen
      $catList  = '<ul class="subCategories">';
      //Unterkategorien ermitteln
      $catList .= wp_list_categories('show_count='.$showPosts.
                   '&title_li=&use_desc_for_title=0&child_of='.
```

```
                    $actCat->cat_ID.'&echo=0&hide_empty='.
                    $hideEmpty);
      //Ende der Liste
      $catList .= '</ul>';
    }
  }
  if ($echo) {
    //Ausgabe der Liste
    echo $catList;
  } else {
    //Rueckgabe der Liste
    return $catList;
  }
}
?>
```

So sieht es im Front-End aus:

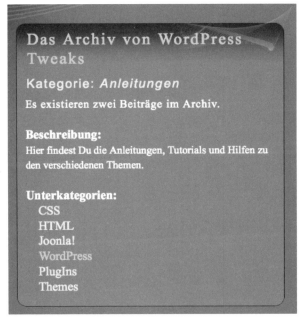

Bild 3.19: Die Darstellung der Unterkategorien als Hyperlinks.

3.3.10 Tweak #94: Einen externen RSS-Feed in der Seitenleiste anzeigen

Unterstützt von:

Aufgabe:

Sie wollen einen RSS-Feed von einem Ihrer anderen Blogs anzeigen. Dadurch können Sie mehr Besucher auf die zweite Seite leiten.

Gefahren:

Der Blog kann sich durch die Darstellung externer Daten verlangsamen.

WordPress-Datei:

functions.php

sidebar.php

Neue Dateien:

showRSSFeed.php

Die neue Funktion nimmt als Parameter ein URL zu einem RSS-Feed und die Anzahl der anzuzeigenden Einträge an. Sie müssen sie nur mehr in der Seitenleiste einfügen, um den Feed anzuzeigen.

```
<?php
/*********************
 * Funktion:    Einen externen Feed anzeigen
 * WordPress:   ab 2.8
 * Styles:      keine
 * Wirkung:     Front-End
 * Aufruf:      direkt
 *
 * Name:        showRSSFeed
 * Parameter:   $feedURL string
 *                  Die URL des anzuzeigenden Feeds
 *              $entryCount integer
 *                  Anzahl der zu holenden Eintraege
 *                  Standardwert ist: 10
 *                  moegliche Werte: alle positiven Zahlen ab 1
 * Rueckgabe: direkte Ausgabe des Resultats
```

```
*******************/
function showRSSFeed($feedURL, $entryCount = 10) {
  //Include fuer Feed-Verarbeitung einbinden
  include_once(ABSPATH.WPINC.'/feed.php');
  //Feed holen
  $feed = fetch_feed($feedURL);
  //maximal angezeigte Eintraege
  $maxEntry = $feed->get_item_quantity($entryCount);
  //die ersten maxEntry holen
  $Entries = $feed->get_items(0, $maxEntry);
  //Ausgabevariable
  $output = '<ul>';
  //Sind Eintraege vorhanden
  if ($maxEntry == 0) {
    $output = '<li>Keine Eintr&auml;ge im Feed!</li>';
  } else {
    //durch die vorhandenen Eintraege iterieren
    foreach ($Entries as $Entry) {
      $output .= '<li><a href="'.
                 $Entry->get_permalink().'" title="'.
                 'erstellt am '.
                 $Entry->get_date('j. n. Y \u\m G:i').
                 '">'.$Entry->get_title().'</a></li>';
    }
  }
  $output .= '</ul>';
  echo $output;
}
?>
```

Der Aufruf in der Seitenleiste ist einfach zu gestalten.

```
...
<?php
//Falls die Funktion vorhanden ist
if (function_exists('showRSSFeed')):
?>
  <li class="widget">
    <h2 class="widgettitle">Feed vom Guru</h2>
      <?php
        showRSSFeed('http://feeds2.feedburner.com/Guru20', 5);
      ?>
  </li>
<?php endif; ?>
...
```

So sieht es im Front-End aus:

Bild 3.20: Der Feed präsentiert sich in der Seitenleiste als eigenes Widget.

3.3.11 Tweak #95: Die Anzahl der Follower bei Twitter anzeigen

Unterstützt von:

Aufgabe:

Sie wollen die Anzahl der Follower von Ihrem oder einem anderen Twitterkonto anzeigen.

Gefahren:

Durch den Zugriff auf Daten außerhalb des Blogs kann sich die Darstellung verlangsamen.

WordPress-Datei:

functions.php

Neue Dateien:

beSocial_Twitter_Followers.php

Durch die folgende Funktion werden die Daten von Twitter als XML-Datei geholt und die entsprechenden Informationen extrahiert. Die neue Funktion müssen Sie nur an der passenden Stelle in Ihrem Blog aufrufen.

```
<?php
/********************
 * Funktion:   Ausgabe der Twitter-Follower fuer einen Benutzer
 * WordPress:  ab 1.5
 * Styles:     keine
 * Wirkung:    Front-End
 * Aufruf:     direkt
 *
 * Name:       beSocial_Twitter_Followers
 * Parameter:  $user string
 *             Benutzername bei Twitter
 *             Standardwert ist: ByteBros
 *             moegliche Werte: alle Twitter-Benutzernamen
 *             $show boolean
 *             Wert aus- bzw. zurueckgeben
 *             Standardwert ist: true
 *             moegliche Werte: true .... direkte Ausgabe
 *                              false ... Rueckgabe als Wert
 * Rueckgabe:  je nach Parameter $show
 ********************/
function beSocial_Twitter_Followers($user = 'ByteBros',
                                    $show = true) {
  //Option aus der Datenbank holen > nicht zu oft extern pruefen
  $twitter = get_option("twitterFollowers");
  //aktuelle Zeit
  $time = mktime();
  //Pruefintervall in Sekunden
  $time -= 3600;
  //Falls der Pruefintervall vorbei ist
  if ($twitter['lastcheck'] < $time) {
    //Twitter-Infos ueber den Benutzer als XML-Datei holen
    $xml = @file_get_contents('http://twitter.com/users/'.
                              'show.xml?screen_name='.$user);
    //Falls der Knoten followers_count
    //vorhanden ist, Zahl ermitteln
    if (preg_match('/followers_count>(.*)</',
                    $xml, $match) !=0 ) {
      $twitter['count'] = $match[1];
    } else {
       //Zahl konnte nicht ermittelt werden
      $twitter['count'] = '???';
    }
    //aktuelle Zeit speichern
    $twitter['lastcheck'] = $time;
    //Eintrag in der Datenbank speichern
```

3.3 Zusätzliche Informationen für den Blog

```
    //update_option("twitterfollowerscount",$tw);
  }
  if ($show) {
    //Wert ausgeben
    echo $user.' hat '.$twitter['count'].' Follower';
  } else {
    //Wert zurueckgeben
    return $twitter['count'];
  }
}
?>
```

So sieht es im Front-End aus:

Bild 3.21: Hier werden die Follower eines Kontos in der Seitenleiste angezeigt.

3.3.12 Tweak #96: Den letzten Tweet eines Twitter-Kontos ausgeben

Unterstützt von:

Aufgabe:
Für einen bestimmten Benutzer von Twitter wollen Sie den letzten Tweet mit dem Datum und der Uhrzeit ausgeben.

Gefahren:
Durch den Zugriff auf die externen Daten bei Twitter kann sich der Blog verlangsamen.

WordPress-Datei:
functions.php

Neue Dateien:
beSocial_Twitter_RecentTweet.php

Die neue Funktion ermittelt die entsprechenden Daten von Twitter und formatiert sie. Sie müssen die Funktion an der passenden Stelle, zum Beispiel als Widget in der Seitenleiste, aufrufen.

```
<?php
/*********************
 * Funktion:   Ausgabe der Twitter-Follower fuer einen Benutzer
 * WordPress:  ab 1.5
 * Styles:     keine
 * Wirkung:    Front-End
 * Aufruf:     direkt
 *
 * Name:       beSocial_Twitter_RecentTweet
 * Parameter:  $user string
 *             Benutzername bei Twitter
 *             Standardwert ist: ByteBros
 *             moegliche Werte:  alle Twitter-Benutzernamen
 * Rueckgabe: direkt
 *********************/
function beSocial_Twitter_RecentTweet($user = "ByteBros") {
  //Daten von Twitter als XML-Datei holen
    $xml = @file_get_contents('http://twitter.com/users/'.
                              'show.xml?screen_name='.$user);
    //Falls der Knoten text vorhanden ist Daten herausloesen
    if (preg_match('/text>(.*)</',
                    $xml, $match) !=0 ) {
      //Datum ermitteln (das 2. ist der Tweet)
      if (preg_match_all('/created_at>(.*)</',
                    $xml, $tMatch) !=0 ) {
        //in Timestamp umwandeln
        $time = strtotime($tMatch[1][1]);
        //fuer die Ausgabe formatieren
        $time = ' am '.date('j. n. Y', $time).' um '.
              date('G:i', $time).': ';
      } else {
        //Falls keine Zeit vorhanden, nur das Ende ausgeben
        $time = ': ';
      }
      //Ausgabe Zusammenstelen
      $outPut = 'letzter Tweet'.$time.'<br/>'.$match[1];
    } else {
      //Zahl konnte nicht ermittelt werden, daher Hinweis
      $outPut = 'kein aktueller Tweet f&uuml;r'.
                $user.' gefunden';
    }
    //Daten ausgeben
```

```
        echo $outPut;
}
?>
```

So sieht es im Front-End aus:

Bild 3.22: Der letzte Tweet wird in der Seitenleiste dargestellt.

3.3.13 Tweak #97: Ausgabe aller wichtigen Informationen eines Twitter-Kontos

Unterstützt von:

Aufgabe:

Sie wollen alle wichtigen Informationen von einem (nicht gesperrten) Twitterkonto in der Seitenleiste ausgeben.

Gefahren:

Der Zugriff auf externe Daten kann den Blog verlangsamen.

WordPress-Datei:

functions.php

sidebar.php

Neue Dateien:

keine

Die neue Funktion holt die Daten des Kontos als XML-Datei. Danach werden die Daten zerlegt und als einzelne li-Elemente ausgegeben.

```php
<?php
/*********************
 * Funktion:   Ausgabe der Informationen eines Twitterkontos
 * WordPress:  alle
 * Styles:     keine
 * Wirkung:    Front-End
 * Aufruf:     direkt
 *
 * Name:       beSocial_Twitter_showInfos
 * Parameter:  $user string
 *             Benutzername bei Twitter
 *             Standardwert ist: ByteBros
 *             moegliche Werte:  alle Twitter-Benutzernamen
 * Rueckgabe: einzelne Werte als li-Elemente
 *********************/
function beSocial_Twitter_showInfos($user = "ByteBros") {
  //Array fuer die Ausgabewerte
  $twitter = array();
  //Array fuer die Feldtitel
  $names = array('Twitterer: ', 'Twitterer seit ', 'Ort: ', 'Beschreibung: ', 'Followers: ', 'Freunde: ', 'Favoriten: ', 'Listen: ', 'Ortsdienste: ', 'Tweets: ');
  //Daten von Twitter als XML-Datei holen
  $xml = @file_get_contents('http://twitter.com/users/'.
                            'show.xml?screen_name='.$user);
  //Twitterer
  $i = 0; $twitter[$i] = $user;
  //Twitterer seit
  $i++; $twitter[$i] = '';
  if (preg_match('/created_at>(.*)</',
                 $xml, $match) !=0 ) {
    //in Timestamp umwandeln
    $time = strtotime($match[1]);
    //fuer die Ausgabe formatieren
    $time = date('j. n. Y G:i', $time);
    $twitter[$i] = $time;
  }
  //Ort
  $i++; $twitter[$i] = '';
  if (preg_match('/location>(.*)</',
```

```
                    $xml, $match) !=0 ) {
  $twitter[$i] = $match[1];
}
//Beschreibung
$i++; $twitter[$i] = '';
if (preg_match('/description>(.*)</',
                    $xml, $match) !=0 ) {
  $twitter[$i] = $match[1];
}
//Followers
$i++; $twitter[$i] = '';
if (preg_match('/followers_count>(.*)</',
                    $xml, $match) !=0 ) {
  $twitter[$i] = $match[1];
}
//Freunde
$i++; $twitter[$i] = '';
if (preg_match('/friends_count>(.*)</',
                    $xml, $match) !=0 ) {
  $twitter[$i] = $match[1];
}
//Favoriten
$i++; $twitter[$i] = '';
if (preg_match('/favourites_count>(.*)</',
                    $xml, $match) !=0 ) {
  $twitter[$i] = $match[1];
}
//Listen
$i++; $twitter[$i] = '';
if (preg_match('/listed_count>(.*)</',
                    $xml, $match) !=0 ) {
  $twitter[$i] = $match[1];
}
//Ortsdienste
$i++; $twitter[$i] = '';
if (preg_match('/geo_enabled>(.*)</',
                    $xml, $match) !=0 ) {
  if ($match[1] != 'false') {
    $twitter[$i] = 'ja';
  } else {
    $twitter[$i] = 'nein';
  }
}
```

```php
//Tweets
$i++; $twitter[$i] = '';
if (preg_match('/statuses_count>(.*)</',
                $xml, $match) !=0 ) {
  $twitter[$i] = $match[1];
}
//Letzter Tweet
if (preg_match('/text>(.*)</',
              $xml, $match) !=0 ) {
  //Datum ermitteln (das 2. ist der Tweet)
  if (preg_match_all('/created_at>(.*)</',
                    $xml, $tMatch) !=0 ) {
    //in Timestamp umwandeln
    $time = strtotime($tMatch[1][1]);
    //fuer die Ausgabe formatieren
    $time = ' am '.date('j. n. Y', $time).' um '.
            date('G:i', $time).': ';
  } else {
    //Falls keine Zeit vorhanden, nur das Ende ausgeben
    $time = ': ';
  }
  //Ausgabe Zusammenstelen
  $outPut = 'letzter Tweet'.$time.'<br/>'.$match[1];
} else {
    //Zahl konnte nicht ermittelt werden, daher Hinweis
  $outPut = 'kein aktueller Tweet f&uuml;r'.
            $user.' gefunden';
}
//reTweeted
if (preg_match('/retweeted>(.*)</',
                $xml, $match) !=0 ) {
  if ($match[1] != 'false') {
    //Anzahl
    if (preg_match('/retweet_count>(.*)</',
                  $xml, $match) !=0 ) {
      $outPut .= ' '.$match[1].'x retweeted';
    }
  } else {
    $outPut .= ' noch nicht retweeted';
  }
}
//Daten ausgeben
for($i = 0; $i < sizeof($names); $i++) {
  echo '<li>'.$names[$i].$twitter[$i].'</li>';
}
```

```
  echo '<li>'.$outPut.'</li>';
}
?>
```

Nun bauen Sie die neue Funktion in die Seitenleiste ein.

```
<li class="widget">
   <h2 class="widgettitle">Twitter</h2>
   <ul>
      <?php beSocial_Twitter_showInfos(); ?>
   </ul>
</li>
```

So sieht es im Front-End aus:

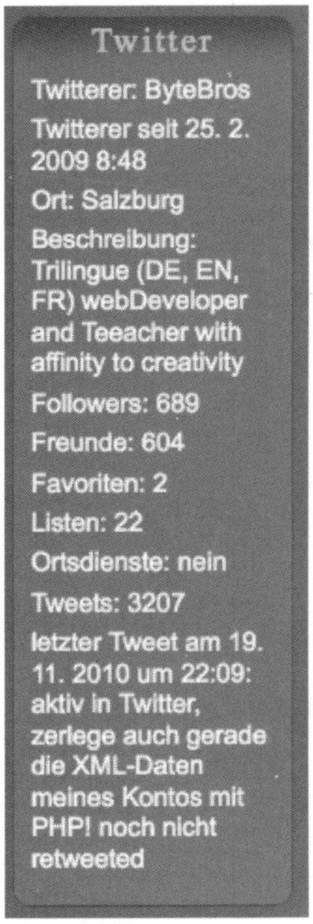

Twitter

Twitterer: ByteBros

Twitterer seit 25. 2. 2009 8:48

Ort: Salzburg

Beschreibung: Trilingue (DE, EN, FR) webDeveloper and Teeacher with affinity to creativity

Followers: 689

Freunde: 604

Favoriten: 2

Listen: 22

Ortsdienste: nein

Tweets: 3207

letzter Tweet am 19. 11. 2010 um 22:09: aktiv in Twitter, zerlege auch gerade die XML-Daten meines Kontos mit PHP! noch nicht retweeted

Bild 3.23: Sofern alles korrekt programmiert wurde, zeigt WordPress die Informationen eines Twitter-Kontos in der Seitenleiste.

3.4 Zusätzliche Funktionen ohne Plug-Ins

3.4.1 Tweak #98: Die anchor-Funktion des more-Tags unterbinden

Unterstützt von:

Aufgabe:

Sobald der Anwender auf das Wort »weiterlesen« beim more-Tag klickt, wird zwar der ganze Artikel geladen, aber WordPress springt sofort zu diesem – jetzt unsichtbaren – more-Tag. Dadurch sieht der Benutzer den Anfang des Blogs nicht, und außerdem findet er sich schwer zurecht. Sie wollen dieses »Springen« verhindern.

Gefahren:

keine

WordPress-Datei:

functions.php

Neue Dateien:

moreNoAnchorTag.php

Dieses Verhalten kommt nicht von WordPress, denn es verwendet für den more-Link ein a-Element aus HTML. Sobald aber in HTML dieses Element mit dem Attribut name versehen wird, reagiert das Element als interner Hyperlink und wird angesprungen. Durch eine neue Funktion und einen zusätzlichen Filter können Sie erreichen, dass bei der Anzeige des more-Tags das Hash-Element (#more-) nicht angefügt wird.

```
<?php
/*********************
 * Funktion:   Die anchor-Funktion des more-Tags entfernen
 * WordPress:  ab 2.8
 * Styles:     keine
 * Wirkung:    Front-End
 * Aufruf:     Filter
 *
 * Name:       moreNoAnchorTag
 * Parameter:  $mLink string
```

```
 *                 Der Hyperlink des more-Tags
 * Rueckgabe: string
 *                 der angepasste more-Link
 ********************/
function moreNoAnchorTag($mLink) {
  //Position des more-Tags im Text bestimmen
  $posMoreStart = strpos($mLink, '#more-');
  //Falls der more-Tag vorkommt ist der Wert groesser als Null
  //und dadruch auch true
  if ($posMoreStart) {
    //Wo endet der more-Tag
    $posMoreEnd = strpos($mLink, '"', $posMoreStart);
  }
  //Falls die Position (Ende) groesser als Null ist
  if ($posMoreEnd) {
    //Laenge fuer das Ersetzen berechnen
    $replLaenge = $posMoreEnd - $posMoreStart;
    //den neuen Link zusammenstellen
    $mLink = substr_replace($mLink,
                            '',
                            $posMoreStart,
                            $replLaenge);
  }
  //den neuen Link zurueckgeben
  return $mLink;
}
//Filter aktivieren
add_filter('the_content_more_link', 'moreNoAnchorTag');
?>
```

So sieht es im Front-End aus:

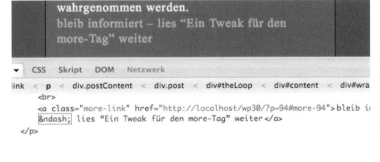

Bild 3.24: Bevor der Tweak angewendet wird, sieht man den Hyperlink mit dem internen a-Tag #more-94.

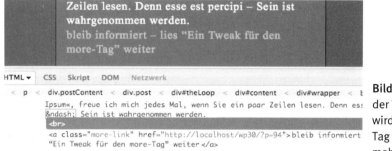

Bild 3.25: Sobald der Tweak aktiv ist, wird der interne a-Tag #more-94 nicht mehr angezeigt.

3.4.2 Tweak #99: Anzeigen von Artikeln, die in der Zukunft publiziert werden

Unterstützt von:

Aufgabe:

Um dem Leser einen Anreiz zu geben, den Blog wieder zu besuchen, sollen Artikel, die bereits vorbereitet wurden, dargestellt werden. Dazu soll eine Liste von allen Posts mit dem Post-Titel und dem Erscheinungsdatum angezeigt werden.

Gefahren:

keine

WordPress-Datei:

functions.php

Dateien, die den Loop verwenden

Neue Dateien:

showFuturePosts.php

Nachdem Sie die Funktion erstellt haben, können Sie sie, am besten noch vor dem Beginn des Loops, in das Template einfügen. Natürlich können Sie die Liste auch in eine Seitenleiste integrieren. Dazu müssen Sie den äußersten div-Tag in ein li-Element umwandeln.

3.4 Zusätzliche Funktionen ohne Plug-Ins

Als ausreichende Anzahl haben sich die fünf geplanten kommenden Posts erwiesen. Wollen Sie diese Zahl ändern, müssen Sie als ersten Parameter in der Funktion einen anderen Wert übergeben.

Die Sortierung erfolgt aufsteigend, also vom nächsten zum am weitesten in der Zukunft liegenden Artikel. Auch das können Sie verändern, indem Sie den zweiten Parameter mit false übergeben.

```php
<?php
/********************
 * Funktion:     Posts, welche erst publiziert werden anzeigen
 * WordPress:    alle
 * Styles:       keine
 * Wirkung:      Front-End > Posts im Loop
 * Aufruf:       direkt
 *
 * Name:         showFuturePosts
 * Parameter:    $count integer
 *                 Anzahl der darzustellenden Posts
 *                 Standardwert ist: 5
 *                 moegliche Werte:  alle positiven Zahlen
 *               $sortAsc boolean
 *                 legt die Sortierung der Posts fest
 *                 Standardwert ist: true
 *                 moegliche Werte:  true .... aufsteigend
 *                                   false ... absteigend
 * Rueckgabe: Direkte Ausgabe
 ********************/
function showFuturePosts($count = 5, $sortAsc = true) {
  //Header des Widgets
  $future = '<div id="theFuture" class="post">'.
            '<h3>Blick in die Zukunft</h3>'.
            '<div class="postContent">';
  //SQL-Abfrage zusammenstellen
  $sqlQuery = 'post_status=future&order=';
  if ($sortAsc) {
    $sqlQuery .= "ASC";
  } else {
    $sqlQuery .= "DESC";
  }
  $sqlQuery .= '&showposts='.$count;
  //SQL-Abfrage durchfuehren
  $qryFuture = new WP_Query($sqlQuery);
  //falls welche gefunden wurden
  if ($qryFuture->have_posts()) {
    //naechsten Post holen
```

```
    while ($qryFuture->have_posts()){
      //Post aktivieren
      $qryFuture->the_post();
      //Ausgabe des Titels und Erscheinungsdatums
      $future .= '<p>&raquo; '.the_title('', '', false).'<br/>'.
             '   zu lesen ab '.
             get_the_time('j. M. Y').'</p>';
    }
  } else {
    //Falls keine geplanten Posts gefunden wurden,
    //einen Hinweis ausgeben
    $future .='<p>Wir haben noch nicht soweit in die '.
          'Zukunft gedacht!<br/>'.
          'Aber bald erscheint ein neuer Artikel.'.
          '</p>';
  }
  //Fussbereich des Widgets
  $future .= '</div><div class="postFooter"> </div></div>';
  //Widget zurueckgeben
  echo $future;
}
?>
```

So sieht es im Back-End aus:

📌 Neuen Artikel erstellen

Bild 3.26: Das einzige, was Sie beim Erstellen der Posts beachten müssen, ist die Zeitplanung. Stellen Sie das Erscheinungsdatum ein und klicken Sie auf *Planen*. Solange ein Artikel als Entwurf gespeichert wird, erscheint er nicht in der Liste der zukünftigen Artikel.

So sieht es im Front-End aus:

Bild 3.27: Wurden keine geplanten Artikel gefunden, sieht der Leser einen Hinweis.

Bild 3.28: Sind geplante Posts vorhanden, dann werden der Titel und das Erscheinungsdatum angezeigt.

3.4.3 Tweak #100: Ähnliche Posts zu einem aktiven Artikel anzeigen

Unterstützt von:

Aufgabe:

Zu einem Artikel sollen ähnliche Beiträge, welche mindestens einen Tag (ein Schlagwort) des aktuellen Posts besitzen, angezeigt werden.

Gefahren:

keine

WordPress-Datei:

functions.php

Alle Dateien, die einen Artikel anzeigen können

Neue Dateien:

showPostRelated.php

Die neue Funktion gibt diese ähnlichen Posts aus. Sie ermittelt dazu über die Taxonomie alle Posts, die mindestens ein gleiches Schlagwort besitzen. Zusätzlich schließt es den eigenen, aktiven Artikel aus der Suche aus. Falls keine ähnlichen Artikel gefunden wurden, unterdrückt die Funktion jede Ausgabe.

```php
<?php
/********************
 * Funktion:   aehnliche Posts anzeigen
 * WordPress:  alle
 * Styles:     keine
 * Wirkung:    Front-End > Loop
 * Aufruf:     direkt
 *
 * Name:       showPostRelated
 * Parameter:  $post array
 *             enthaelt den aktuellen Post aus dem Loop
 *             $maxPosts integer
 *             ist die maximale Anzahl an aehnlichen Posts
 *             Standardwert ist: 5
 *             moegliche Werte: alle positiven Zahlen
 * Rueckgabe:  direkte Ausgabe des Resultats
 ********************/
function showPostRelated($post, $maxPosts = 5) {
  //Array fuer die Tags
  $termID = array();
  //Tags aus aktuellen Post ermitteln
  $tags = wp_get_post_tags($post->ID);
  //Falls Tags gesetzt wurden
  if ($tags) {
    //Array mit den Tag-IDs aufbauen
    foreach($tags as $tag) {
      $termID[] = $tag->term_id;
    }
    //Argumente fuer Query zusammenstellen
    $args = array('tag__in' => $termID,
                  'post__not_in' => array($post->ID),
                  'showposts' => $maxPosts,
                  'caller_get_posts' => 1
```

```
                    );
    //Abfrage durchfuehren
    $relQuery = new WP_Query($args);
    //Falls Posts gefunden wurden
    if ($relQuery->have_posts()) {
      //Titel ausgeben
      echo "<h4>&auml;hnliche Posts</h4><p>";
      //Durch alle gefundenen Posts iterieren
      while ($relQuery->have_posts()) {
        //Post aktivieren
        $relQuery->the_post();
        //Hyperlink ausgeben
        echo '&raquo; <a href="'.
             get_permalink().'">'.
             the_title('', '', false).
             '</a><br/>';
      }
      echo "</p>";
    }
  }
}
?>
```

Um die ähnlichen Artikel anzuzeigen, können Sie die folgenden Zeilen entweder im Loop oder in der Einzelansicht einbauen. Den ersten Parameter dürfen Sie nicht verändern, denn dies ist der aktive Artikel. Der zweite Parameter gibt an, wie viele ähnliche Artikel angezeigt werden sollen. Falls Sie ihn weglassen, wird 5 als Standardwert verwendet.

```
<?php
//aehnliche Posts anzeigen
if (function_exists('showPostRelated')) {
  showPostRelated($post);
}
?>
```

3.4.4 Tweak #101: Die Permalinks der Artikel in einer gekürzten Version darstellen

Unterstützt von:

Aufgabe:

Der Permalink zu einem Post soll als kurze Version mit einer TinyURL dargestellt werden.

Gefahren:

»Sprechende« Permalinks verlieren ihre Aussagekraft. Falls der Dienst von TinyURL nicht rechtzeitig reagiert, kommt es zu Zeitverzögerungen.

WordPress-Datei:

functions.php

Alle Dateien mit einem aktiven Post.

Neue Dateien:

makeTinyUrl.php

Dazu erstellen Sie folgende neue Funktion. Sie verwendet vom Anbieter *TinyURL*[13] eine API-Funktion, um eine gegebene URL zu kürzen, und liefert die Kurzversion wieder zurück.

```
<?php
/*********************
 * Funktion:   Felder aus dem Benutzerprofil entfernen
 * WordPress:  alle
 * Styles:     keine
 * Wirkung:    Front-End
 * Aufruf:     direkt
 *
 * Name:       makeTinyUrl
 * Parameter:  $url string
 *             zu verkuerzende URL
```

---

[13] Online unter *http://www.tinyurl.com*

```
 * Rueckgabe: $tiny array
 *            verkuerzte URL
 ********************/
function makeTinyUrl($url) {
  //tinyURL API aufrufen
  $tiny = @file_get_contents("http://tinyurl.com/".
                             "api-create.php?url=".$url);
  //Falls etwas nicht funktionierte, Original erhalten
  if ($tiny == "") {$tiny = $url;}
  //URL zurueckgeben
  return $tiny;
}
?>
```

Nun können Sie an beliebiger Stelle im Loop die Funktion aufrufen. Diese Funktion wird auch in Tweak #45 benutzt.

```
<?php $tiny = makeTinyUrl(get_permalink($post->ID));
echo 'Die Kurzversion: <a href="'.$tiny.'">'.$tiny.'</a>'; ?>
```

3.4.5 Tweak #102: Die letzten Kommentare in der Seitenleiste anzeigen

Unterstützt von:

Aufgabe:

WordPress stellt zwar ein Widget der aktuellen Kommentare für die Anzeige in der Seitenleiste zur Verfügung, aber dieses Modul besitzt viel zu wenige Einstellungsmöglichkeiten. Ich hätte gerne eine Liste der Kommentare mit viel mehr Einstellungen und Informationen.

Gefahren:

Durch den zusätzlichen Datenbankzugriff und auch die extern geladenen Gravatare kann sich die Darstellung des Blogs spürbar verlangsamen.

WordPress-Datei:

functions.php

style.css

sidebar.php

Neue Dateien:

showPostCommentsRecent.php

Die neue Funktion können Sie direkt in der Seitenleiste als Widget aufrufen. Durch die Übergabe der Parameter lassen sich die Darstellungen sehr genau beeinflussen. Natürlich ist es auch noch möglich, eigene Stile zu definieren, wie Sie sie am Ende des Tweaks dargestellt sehen.

```
<?php
/********************
 * Funktion:    aktuelle Kommentare anzeigen
 * WordPress:   ab 1.0.0
 * Styles:      keine
 * Wirkung:     Front-End > Seitenleiste
 * Aufruf:      direkt
 *
 * Name:        showPostCommentsRecent
 * Parameter:   $commentCount integer
 *              Anzahl der maximal anzuzeigenden Kommentare
 *              Standardwert ist: 10
 *              moegliche Werte:  alle positiven Zahl groesser 0
 *
 *              $commentLen integer
 *              anzuzeigende Laenge eines Kommentars in Zeichen
 *              Standardwert ist: 40
 *              moegliche Werte:  <= 0 ganzen Kommentar anzeigen
 *                                >= 1 Anzahl der Zeichen
 *
 *              $sort string
 *              Sortierung der Kommentare
 *              Standardwert ist: DESC
 *              moegliche Werte:  ASC .... aeltester zu erst
 *                                DESC ... juengster zu erst
 *
 *              $showTitle boolean
 *              Soll der Titel des Posts angezeigt werden
 *              Standardwert ist: true
 *              moegliche Werte:  true .... Titel anzeigen
 *                                false ... keine Titelanzeige
 *
 *              $linkTitle boolean
```

```
 *              Soll der Titel des Posts direkt verlinkt werden
 *              Wird nur beruecksichtigt, wenn $showTitle = true
 *              Standardwert ist: true
 *              moegliche Werte:   true .... Titel verlinken
 *                                 false ... keine Verlinkung
 *         $showDate boolean
 *         Datum des Kommentars anzeigen
 *         Standardwert ist: true
 *         moegliche Werte:   true .... Datum anzeigen
 *                            false ... Datum verstecken
 *         $showGravatar boolean
 *         Gravatare anzeigen
 *         Standardwert ist: true
 *         moegliche Werte:   true .... Gravatare anzeigen
 *                            false ... Gravatare verstecken
 *         $gravatarSize integer
 *         Groesse des Gravatars in Pixel
 *         Standardwert ist: 32
 *         moegliche Werte:   alle positiven Zahlen zwischen
 *                            32 und 512 Pixel
 * Rueckgabe: direkte Ausgabe
 *********************/
function showPostCommentsRecent($commentCount = 10,
                                $commentLen   = 40,
                                $sort = 'DESC',
                                $showTitle = true,
                                $linkTitle = true,
                                $showDate = true,
                                $showGravatar = true,
                                $gravatarSize = 32) {
  //WordPress-Datenbank
  global $wpdb;
  //SQL-Abfrage zusammenstellen
  $sqlQuery = 'SELECT DISTINCT ID, post_title, comment_ID, '.
              'comment_author, comment_date, '.
              'comment_content, comment_post_ID AS pID, '.
              'comment_author_email AS eMail '.
              'FROM '.$wpdb->comments.
                 ' LEFT OUTER JOIN '.$wpdb->posts.
                    ' ON ('.$wpdb->comments.'.'.comment_post_ID.
                        '= '.$wpdb->posts.'.'.ID.') '.
              'WHERE comment_approved = "1" '.
                 'AND comment_type = "" '.
```

```
                'AND post_password = "" '.
              'ORDER BY comment_date '.$sort.' '.
              'LIMIT 0, '.$commentCount;
//SQL-Abfrage durchfuehren
$comments = $wpdb->get_results($sqlQuery);
//Ausgabevariable initialisieren
$output = '';
//durch alle Kommentare iterieren
foreach ($comments as $comment) {
  //Kommentar kuerzen
  $comText = strip_tags($comment->comment_content);
  if ($commentLen > 0) {
    $comText = substr($comText, 0, ($commentLen - 1));
  }
  //Titel hinzufuegen
  if ($showTitle) {
    //Falls ein Link auf den Post notwendig ist
    if (!$linkTitle) {
      //Falls nur der Titel angezeigt werden soll
      $postTitle = ' zu '.$comment->post_title;
    } else {
      //Titel auf den Post verlinken
      $postTitle = ' zu <a href="'.
                   get_permalink($comment->pID).
                   '" title="'.$comment->post_title.
                   '">'.$comment->post_title.'</a>';
    }
  } else {
    $postTitle = '';
  }
  //Falls Datum angezeigt werden soll
  $datum = '';
  if ($showDate) {
    //Datum zusammenstellen und formatieren
    $datum = 'am '.date('j. n. Y \u\m G:i',
                 strtotime($comment->comment_date)).': ';
  }
  //Falls ein Gravatar angezeigt werden soll
  $gravatar = '';
  if ($showGravatar) {
    $gravatar = get_avatar($comment->eMail, $gravatarSize);
  }
  //Ausgabezeile erstellen und formatieren
```

```
    $output .= wptexturize(
            '<li>'.$gravatar.
            strip_tags($comment->comment_author).
            ' sagt '.$datum.'"<a href="'. get_permalink($comment->ID).
            '#comment-'.$comment->comment_ID.'" '.
            'title="Kommentar zu '.$comment->post_title.
            '">'.$comText.'"</a>'.$postTitle.'</li>');
    }
    //Kommentare ausgeben
    echo $output;
}
?>
```

Mit diesem Code können Sie das Widget in die Seitenleiste einbauen. Die CSS-Klasse im ul-Element wird für die spätere Zuweisung der Stile benötigt.

```
<li class="widget">
    <h2 class="widgettitle">Kommentare!</h2>
    <ul class="wgtComments">
      <?php showPostCommentsRecent(); ?>
    </ul>
</li>
```

Hier finden Sie einfache Stile für das Widget. Diese lassen sich natürlich erweitern und für das jeweilige Thema anpassen.

```
/* Stile fuer das Kommentar-Widget */
ul.wgtComments img.avatar {
  display: inline-block;
  float: left;
  margin-right: 10px;
}
ul.wgtComments li {
  padding-bottom: 10px;
}
```

So sieht es im Front-End aus:

Bild 3.29: Das neue Widget mit allen aktivierten Optionen.

3.4.6 Tweak #103: Eine Leiste mit den Miniaturbildern der letzten Artikel erstellen

Unterstützt von:

Aufgabe:

Sie wollen in Ihrem Blog eine Liste oder einen Bereich mit den Miniaturbildern Ihrer letzten Beiträge anzeigen.

Gefahren:

keine

WordPress-Datei:

functions.php

Alle Dateien, die diese Leiste anzeigen sollen

Neue Dateien:

keine

Für diesen Tweak müssen Sie für die aktuellsten Posts und alle weiteren ein Miniaturbild (ein Artikelbild) anlegen. Danach können Sie die folgenden Funktionen erstellen und mit `showPostTopBar()` in den passenden Templates Ihres Themas aufrufen.

```php
<?php
/*******************
 * Funktion:    Eine Leiste mit den Miniaturbildern der letzten
 *              Posts anzeigen
 * WordPress:   ab 2.9
 * Styles:      stylePostTopBar.css
 * Wirkung:     Front-End
 * Aufruf:      Filter
 *
 * Name:        showPostTopBar
 * Parameter:   $postCount integer
 *              Anzahl der anzuzeigenden Minaturbilder
 *              Standardwert ist: 5
 *              moegliche Werte:  alle positiven Zahlen ab 1
 * Rueckgabe:   direkt
 *******************/
function showPostTopBar($postCount = 5) {
  //neuer Loop
  query_posts('showposts='.$postCount);
  //Wenn Posts vorhanden sind
  if (have_posts()) {
    //ul-Element ausgeben
    echo '<ul class="topBar" >';
    //durch die Posts iterieren
    while (have_posts()) {
      //Post aktivieren
      the_post();
      //Bild ausgeben
      echo '<li><a href="'.get_permalink().'" title="'.
          the_title('', '', false).'">'.
          get_the_post_thumbnail($post->ID, 'thumbnail',
            array('title'=>the_title('', '', false))).
          '<span>'.the_title('', '', false).'</span></a></li>';
    }
    //ul-Element schliessen
    echo '</ul>';
  }
}
?>
```

Für diese Leiste benötigen Sie auch ein eigenes Stylesheet.

```css
/* Topleiste fuer Post-Thumbnails */
ul.topBar {
  list-style: none;
  margin: 30px 0px 0px 0px;
  padding: 0px;
  display: block;
  clear: both;
  float: none;
  position: relative;
  top: -30px;
  left: 85px;
  margin-bottom: -50px;
  padding-bottom: 0px;
}
ul.topBar li {
  float: left;
  margin: 0px 5px 0px 0px;
  position: relative;
}
ul.topBar li img {
  border: 3px solid #009900;
}
ul.topBar li a:hover img {
  border: 3px solid #CEDD47;
}
ul.topBar li span {
    text-decoration: none;
    display: none;
    text-align: left;
    position: absolute;
    top: -5px;
    left: 0px;
    padding: 2px 10px 2px 10px;
    background-color: #CEDD47;
    color: #FFFFFF;
    text-transform: uppercase;
}
ul.topBar li a:hover span {
  display:block;
}
```

So sieht es im Front-End aus:

Bild 3.30: Mit dieser Leiste kann der Leser auf die neuen Posts aufmerksam gemacht werden. Auch der Effekt beim Überfahren der Bilder mit der Maus überrascht.

3.5 Das Back-End anpassen oder WordPress erweitern

3.5.1 Tweak #104: Ein Login-Formular in der Seitenleiste erzeugen

Unterstützt von:

Aufgabe:

Sie wollen in der Seitenleiste ein Login-Formular erzeugen bzw. für angemeldete Benutzer die wichtigsten Befehle anzeigen.

Gefahren:

keine

WordPress-Datei:

functions.php

sidebar.php

Neue Dateien:

sideBar_LoginForm.php

Die nachfolgende Funktion erledigt genau die Anforderung in der Aufgabe. Zusätzlich passt sie sich den Benutzerrollen an. Je nach vergebener Berechtigung werden verschiedene Befehle angezeigt. Dieser Tweak berücksichtigt auch das neue System der Benutzerberechtigungen[14] in WordPress ab Version 3.0.

```
<?php
/*********************
* Funktion:   Ein Login-Formular in der Seitenleiste anzeigen
* WordPress:  alle
* Styles:     keine
* Wirkung:    Front-End > Seitenleiste
* Aufruf:     direkt
*
* Name:       sideBar_LoginForm
* Parameter:  ---
* Rueckgabe:  direkte Ausgabe des Widgets
*********************/
function sideBar_LoginForm() {
 //global verfuegbare Werte nutzen
 global $user_ID, $user_identity, $user_level;
 //Kopf des Widgets
 echo '<li class="widget">'.
      '<h2 class="widgettitle">';
 //Wenn die ID vorhanden ist Meta-Daten fuer den
 // Benutzer anzeigen, da er bereits angemeldet ist
 if ($user_ID) {
   echo 'Meta-Daten</h2><ul>'.
        '<li>Du bist als <strong>'.$user_identity.
        '</strong> angemeldet!</li>'.
        '<li>&raquo; <a href="'.get_bloginfo('url').
        '/wp-admin/">Dashboard</a></li>';
   //Falls der Benutzer Posts erstellen kann
   //doppelte Pruefung,
   //denn ab 3.0 ist das Level-System veraltet
   if ($user_level >= 1 || current_user_can('edit_posts')) {
     echo '<li>&raquo; <a href="'.get_bloginfo('url').
          '/wp-admin/post-new.php">Neuer Post</a></li>';
   }
   //Fuer alle angemeldeten Benutzer
   echo '<li>&raquo; <a href="'.get_bloginfo('url').
        '/wp-admin/profile.php">Benutzerprofil</a></li>';
   echo '<li>&raquo; <a href="'.get_bloginfo('url').
```

---

[14] Genauere Informationen zu den Benutzerrollen (leider auf Englisch) finden Sie in der Dokumentation zu WordPress unter: *http://codex.wordpress.org/Roles_and_Capabilities*

```
                '/wp-login.php?action=logout&amp;redirect_to='.
            urlencode($_SERVER['REQUEST_URI']).
            '">Abmelden</a></li>';
    //Falls sich neue Benutzer registrieren koennen, ein
    //Login-Formular erzeugen
    } elseif (get_option('users_can_register')) {
      echo 'Anmelden</h2><ul>'.
            '<li><form action="'.get_bloginfo('url').
            '/wp-login.php" method="post">'.
            '<p><label for="log">Name:</label><br/>'.
            '<input type="text" name="log" '.
            'id="log" value="'.
            wp_specialchars(stripslashes($user_login), 1).
            '" size="15" /><br />'.
            '<label for="pwd">Passwort:</label><br />'.
            '<input type="password" name="pwd" id="pwd" '.
            'size="15" /><br /> <br/>'.
            '<input type="submit" name="submit" value="senden" '.
            'class="button" /><br/>'.
            '<input name="rememberme" id="rememberme" '.
            'type="checkbox" value="forever" />'.
            '<label for="rememberme"> angemeldet bleiben</label>'.
            '</p><input type="hidden" name="redirect_to" '.
            'value="'.$_SERVER['REQUEST_URI'].'"/></form>'.
            '</li>'.
            '<li><a href="'.get_bloginfo('url').
            '/wp-register.php">Registrieren</a></li>'.
            '<li><a href="'.get_bloginfo('url'). '/wp-
    login.php?action=lostpassword">'.
            'Passwort vergessen?</a></li>';
    } else {
      //Neue Benutzer koennen sich nicht registrieren
      echo 'Anmelden</h2><ul>'.
            '<li>Momentan ist die '.
            'Benutzeranmeldung gesperrt!</li>';
    }
    //Fusszeile des Widgets
    echo '</ul></li>';
}
?>
```

Nun müssen Sie in der Seitenleiste an der für Sie passenden Stelle die Funktion aufrufen.

```
...
<!-- anfang der seitenleiste -->
<?php
  //keine einzelner Post oder Seite
  if (!is_single() && !is_page()):
?>
    <div id="sidebars" class="sidebars">
    <?php get_search_form(); ?>
    <div class="sidebar">
      <ul>
        <?php sideBar_LoginForm(); ?>
...
```

So sieht es im Front-End aus:

Bild 3.31: Das Formular präsentiert sich je nach Status des Benutzers bzw. Blogs in verschiedenen Ausführungen.

3.5.2 Tweak #105: Ein benutzerdefiniertes Feld beim Erstellen des Artikels erzeugen

Unterstützt von:

Aufgabe:

Beim Erstellen eines neuen Artikels soll ein benutzerdefiniertes Feld mit einem Standardwert hinzugefügt werden.

Gefahren:
keine

WordPress-Datei:
functions.php

Neue Dateien:
addPageField.php

addPostField.php

Zuerst erzeugen Sie die Funktionen für eine neue Seite. Sie können den Feldnamen (pageStatus) und den Wert (intern) Ihren Erfordernissen anpassen.

```php
<?php
/********************
 * Funktion:    automatisch ein benutzerdefiniertes Feld
 *              zu einer neuen Seite hinzufuegen
 * WordPress:   alle
 * Styles:      keine
 * Wirkung:     Back-End/Front-End
 * Aufruf:      Action
 *
 * Name:        addPageField
 * Parameter:   $postID integer
 *              ID der bearbeiteten Seite
 * Rueckgabe:   keine
 ********************/
function addPageField($post_ID) {
  //WordPress Datenbank
  global $wpdb;
  //Falls es keine Revision ist
  //Das Feld pageStatus mit dem Wert intern hinzufuegen
  if(!wp_is_post_revision($post_ID)) {
    add_post_meta($post_ID, 'pageStatus', 'intern', true);
  }
}
//Action fuer die Seite hinzufuegen
add_action('publish_page', 'addPageField');
?>
```

Danach erstellen Sie die Funktion für einen neuen Post. Auch hier können Sie den Feldnamen (postStatus) und den Wert (public) Ihren Erfordernissen anpassen.

```
<?php
/********************
* Funktion:   automatisch ein benutzerdefiniertes Feld
*             zu einer neuen Seite hinzufuegen
* WordPress: alle
* Styles:    keine
* Wirkung:   Back-End/Front-End
* Aufruf:    Action
*
* Name:      addPostField
* Parameter: $postID integer
*            ID der bearbeiteten Seite
* Rueckgabe: keine
********************/
function addPostField($post_ID) {
  //WordPress Datenbank
  global $wpdb;
  //Falls es keine Revision ist
  //Das Feld postStatus mit dem Wert public hinzufuegen
if(!wp_is_post_revision($post_ID)) {
    add_post_meta($post_ID, 'postStatus', 'public', true);
  }
}
//Action fuer den Artikel hinzufuegen
add_action('publish_post', 'addPostField');
?>
```

3.5.3 Tweak #106: Zusätzliche Links zum Bearbeiten der Kommentare im Front-End anzeigen

Unterstützt von:

Aufgabe:

Bei den Kommentaren zu den einzelnen Posts wollen Sie neben dem Bearbeiten-Link auch Links zum Löschen und zum Markieren als Spam anzeigen.

Gefahren:
keine

WordPress-Datei:
functions.php

Alle Dateien mit einem Kommentar-Loop.

Neue Dateien:
showPostCommentButtons.php

Legen Sie dafür eine neue Funktion an, die diese Links erzeugt. Zusätzlich müssen Sie noch die Datei für die Kommentare anpassen. Sie fügen die Funktion `showPostCommentButtons()` genau an der Stelle ein, an der die neuen Links angezeigt werden sollen.

```php
<?php
/*******************
 * Funktion:   Knoepfe zum Bearbeiten der Kommentare anzeigen
 * WordPress:  ab 2.5
 * Styles:     keine
 * Wirkung:    Front-End > Post-Kommentare
 * Aufruf:     direkt
 *
 * Name:       showPostCommentButtons
 * Parameter:  $id integer
 *             ID des Kommentars
 * Rueckgabe:  direkte Ausgabe
 *******************/
function showPostCommentButtons($id) {
  //Nur anzeigen, wenn der User auch Posts bearbeiten kann
  if (current_user_can('edit_post')) {
    //normaler Bearbeiten-Link
    edit_comment_link(__('Edit'),' ','');
    //Zusaetzliche Links
    echo ' | <a href="'.
         admin_url("comment.php?action=cdc&c=$id").
         '">L&ouml;schen</a> | <a href="'.
         admin_url("comment.php?action=cdc&dt=spam&c=$id").
         '">ist Spam</a>';
  }
}
?>
```

So sieht es im Front-End aus:

Bild 3.32: So werden die neuen Links bei einem Kommentar angezeigt.

3.5.4 Tweak #107: Alle nofollow-Werte aus den Kommentaren entfernen

Unterstützt von:

Aufgabe:
Sie wollen für Hyperlinks in den Kommentaren den Wert nofollow im Attribut rel entfernen.

Gefahren:
keine

WordPress-Datei:
functions.php

Neue Dateien:
showPostCommentRemoveNofollow.php

Durch den Einsatz verschiedener Filter kann diese Aufgabe ohne größeren Aufwand automatisch erledigt werden.

```
<?php
/*********************
 * Funktion:   Alle rel='noFollow' entfernen
 * WordPress: ab 1.5
```

```
 * Styles:     keine
 * Wirkung:    Front-End > Kommentare
 * Aufruf:     Filter
 *
 * Name:       showPostCommentRemoveNofollow
 * Parameter:  ---
 * Rueckgabe:  direkte Ausgabe
 ********************/
function showPostCommentRemoveNofollow($text) {
  //noFollows suchen
        $text = preg_replace('~<a ([^>]*)\s*(["|\']{1}\w*)\s'.
                        '*nofollow([^>]*)>~U','<a ${1}${2}${3}>',
                        $text);
  //noFollows ersetzen
  $text =  str_replace(array(' rel=""', " rel=''"), '', $text);
  //bereinigten String zurückgeben
  return $text;
}
//Filter fuer nofollow deaktivieren
remove_filter('pre_comment_content', 'wp_rel_nofollow');
//Filter fuer die Kommentare aktivieren
add_filter('post_comments_link', 'ShowPostCommentRemoveNofollow');
//Filter fuer den Kommentartext aktivieren
add_filter('comment_text', 'ShowPostCommentRemoveNofollow');
//Filter fuer die Antwortkommentare aktivieren
add_filter('comment_reply_link', 'ShowPostCommentRemoveNofollow');
//Filter fuer die Autorenkommentare aktivieren
add_filter('get_comment_author_link', 'ShowPostCommentRemoveNofollow');
?>
```

3.5.5 Tweak #108:
Mit einfachen Mitteln einen Schritt zur Vermeidung von »Duplicate Content« aus der Sicht der Suchmaschinen machen

Unterstützt von:

Aufgabe:

Da Posts und die Zusammenfassungen davon in mehreren Bereichen des Blogs angezeigt werden, können Suchmaschinen dies als wiederholten Content ansehen. Dies wollen Sie vermeiden und die Suchmaschinen daher vom Durchsuchen abhalten.

Gefahren:

keine

WordPress-Datei:

functions.php

header.php

Neue Dateien:

excludeRobots.php

Die folgende Funktion steuert den Zugriff der Suchroboter, indem sie die entsprechenden Werte in das `head`-Element einfügt.

```php
<?php
/********************
 * Funktion:   Duplicate Content fuer
 *             Suchmaschinen vermeiden
 * WordPress:  alle
 * Styles:     keine
 * Wirkung:    Front-End > head-Element aller Seiten
 * Aufruf:     direkt
 *
 * Name:       excludeRobots
 * Parameter:  ---
 * Rueckgabe:  direkte Ausgabe des Resultats
 ********************/
function excludeRobots() {
  if ((is_home() && ($paged < 2 )) ||
      is_single() ||
      is_page() ||
      is_category()) {
    echo '<meta name="robots" '.
        'content="index,archive,follow" />';
  } else {
    echo '<meta name="robots" '.
        'content="noindex,noarchive,follow" />';
  }
}
?>
```

Im `head`-Element der Datei *header.php* suchen Sie die Zeile, die mit `<title>` beginnt. Genau davor fügen Sie die folgende Codezeile ein:

```
<?php excludeRobots(); ?>
```

3.5.6 Tweak #109: Den von WordPress angebotenen Feed durch den eigenen bei Feedburner ersetzen

Unterstützt von:

Aufgabe:
Statt den von WordPress angebotenen RSS-Feed würden Sie gerne Feedburner verwenden. Sie wollen aber kein Plug-In benutzen, sondern die Links im `head`-Element sollen automatisch daran angepasst werden.

Gefahren:
keine

WordPress-Datei:
functions.php

Neue Dateien:
addRSSFeedBurner.php

Dazu müssen Sie nur die bestehenden Feed-Links aus dem `head`-Element entfernen und die neuen Links generieren. Dies erledigt die folgende Funktion. Vor dem Aktiveren müssen Sie aber die Variable `$fbURL` anpassen, damit der richtige Feed angezeigt wird.

```
<?php
/*******************
 * Funktion:   Eine FeedBurner-URL im head-Element eintragen
 * WordPress:  alle
 * Styles:     keine
 * Wirkung:    Front-End
 * Aufruf:     Action
 *
 * Name:       addRSSFeedBurner
```

```
 * Parameter: ---
 * Rueckgabe: direkte Ausgabe im head-Element
 ********************/
//alle Feedlinks entfernen
automatic_feed_links(false);
function addRSSFeedBurner() {
  //URL zu Feedburner
  $fbURL = 'http://feeds.feedburner.com/DEIN-NAME';
  //Ausgabe des Links zu Feedburner
  echo '<link rel="alternate" type="application/rss+xml" '.
      'title="RSS Feed" href="'.$fbURL.'" />' . "\n";
  //Kommentar Feed ohne Feedburner aktivieren
  echo '<link rel="alternate" type="application/rss+xml" '.
      'title="Comments RSS Feed" href="'.
      get_bloginfo('comments_rss2_url').'" />';
}
//Action aktivieren
add_action('wp_head', 'addRSSFeedBurner');
?>
```

3.5.7 Tweak #110: Artikel zeitversetzt im RSS-Feed publizieren

Unterstützt von:

Aufgabe:

Wenn ich einen Artikel schreibe und publiziere, soll er nicht sofort im RSS-Feed auftauchen. Denn oft entdecke ich noch einen Fehler oder eine falsche Formatierung, die ich beheben will. Ich möchte also steuern können, wann der neue Feed erstellt wird.

Gefahren:

keine

WordPress-Datei:

functions.php

Neue Dateien:

createRSSFeedDelayed.php

Der Formulierung der Aufgabe liegt ein kleiner Denkfehler zugrunde. Denn WordPress erstellt zwar den RSS-Feed, aber das System schickt den Feed nicht an die Leser, sondern diese holen ihn. Daher können wir mit einer Funktion eingreifen, indem wir nur die Artikel in den Feed stellen, die vor einer bestimmten Zeit publiziert werden. Dazu verändern wir in einer neuen Funktion die SQL-Abfrage für die Feeds und aktivieren sie über einen Filter.

```php
<?php
/*******************
 * Funktion:   Einen Artikel zeitversetzt in den RSS-Feed stellen
 * WordPress:  alle
 * Styles:     keine
 * Wirkung:    Front-End > RSS-Feeds
 * Aufruf:     Filter
 *
 * Name:       createRSSFeedDelayed
 * Parameter:  $where string
 *             SQL-Filter zum Einschraenken der Posts
 * Rueckgabe:  SQL-Abfrage mit WHERE-Teil
 *******************/
function createRSSFeedDelayed($where) {
  //WordPress-Datenbank
  global $wpdb;
  //Nur fuer Feeds anwenden
  if (is_feed()) {
    //aktuelle Zeit
    $jetzt = gmdate('Y-m-d H:i:s');
    //Einheit der Wartezeit
    //moeglich ist: YEAR, MONTH, WEEK, DAY, HOUR, MINUTE
    //WEEK ist die Kalenderwoche
    $einheit = 'MINUTE';
    //Dauer der Wartezeit
    $zeit = '15';
    //Der WHERE-Teil kann schon vorhanden sein, daher unsere
    //neue Einschraenkung hinzufuegen
    $where .= ' AND TIMESTAMPDIFF('.$einheit.', 
           $wpdb->posts.post_date_gmt, "'.$jetzt.
           '") > '.$zeit.' ';
  }
  //SQL-Abfrage zurueckgeben
  return $where;
```

```
}
//Filter aktivieren
add_filter('posts_where', 'createRSSFeedDelayed');
?>
```

3.5.8 Tweak #111: Einen Post nur publizieren, wenn er eine Mindestanzahl von Wörtern überschreitet

Unterstützt von:

Aufgabe:

Vor dem Publizieren eines Artikels sollen die Wörter gezählt werden. Ist die Zahl geringer als eine definierte Mindestanzahl, will ich dem Benutzer einen Hinweis geben und die Veröffentlichung verhindern.

Gefahren:

keine

WordPress-Datei:

functions.php

Neue Dateien:

backEndPostMinWords.php

Die neue Funktion erledigt genau die geforderte Aufgabe. Die Mindestlänge in Wörtern können Sie mit der Variablen $word anpassen.

```
<?php
/*********************
 * Funktion:   Vor dem Publizieren eines Post auf eine
 *             Mindestanzahl an Woertern pruefen
 * WordPress:  ab 2.1
 * Styles:     keine
 * Wirkung:    Back-End > Post Editor
 * Aufruf:     Action
 *
 * Name:       backEndPostMinWords
```

```
 * Parameter: $content string
 *             Text des neuen Posts
 * Rueckgabe: $content
 *             bei zu wenig Woertern eine Fehlermeldung
 ********************/
function backEndPostMinWords($content){
  //aktiven Post aktivieren
  global $post;
  //min. Anzahl an Woertern
  $word = 50;
  //Der Inhalt des Posts
  $content = $post->post_content;
  //Woerter zaehlen und vergleichen
  if (str_word_count($content) <  $word)
    //Falls zu wenig Woerter Fehlermeldung ausgeben und abbrechen
    wp_die('<p></p>Dein Post hat nicht gen&uuml;gend '.
           'W&ouml;rter!<br />Schreibe noch '.
           ($word - str_word_count($content)).
           ' W&ouml;rter mehr um den Post zu publizieren!'.
           '</p><p>Gehe eine Seite zur&uuml;ck und '.
           'erg&auml;nze den Post.', 'Fehler bei der '.
           'Posterstellung!', array('back_link'=>true));
}
//Aktion aktivieren
add_action('publish_post', 'backEndPostMinWords');
?>
```

So sieht es im Back-End aus:

Bild 3.33: Wenn nicht genügend Wörter angegeben werden, wird dem Autor eine Fehlermeldung angezeigt und die Veröffentlichung wird verhindert.

3.5.9 Tweak #112: Ein maximale Anzahl von Wörtern bzw. Zeichen für den Artikeltitel festlegen

Unterstützt von:

Aufgabe:

Da Suchmaschinen lange Seitentitel nicht so gut bewerten, sollen die Überschriften begrenzt werden. Meistens sind es etwa 10 Wörter oder 160 Zeichen, die für eine Suchmaschine noch akzeptabel sind. Der Artikel soll also nur gespeichert werden, wenn beide Grenzen nicht überschritten werden.

Gefahren:

keine

WordPress-Datei:

functions.php

Neue Dateien:

keine

Durch das Prüfen des Titels vor dem Publizieren bzw. Speichern können Sie diese Funktionalität erfüllen. Wenn Sie eine andere Wort- oder Zeichenanzahl verwenden wollen, müssen Sie die Werte für die Variablen $maxWord und/oder $maxChar am Anfang der Funktion anpassen.

```
<?php
/*******************
 * Funktion:    Vor dem Publizieren eines Post auf die maximale
 *              Anzahl von Woertern bzw. Zeichen im Titel pruefen
 * WordPress:   ab 2.1
 * Styles:      keine
 * Wirkung:     Back-End > Post Editor
 * Aufruf:      Action
 *
 * Name:        backEndPostTitleMaxWords
 * Parameter:   $title string
```

```
 *              Titel des neuen Posts
 * Rueckgabe: $title
 *              bei zu vielen Woertern/Zeichen eine Fehlermeldung
 *********************/
function backEndPostTitleMaxWords($title) {
  //maximale Wortzahl
  $maxWord = 10;
  //maximale Zeichenanzahl
  $maxChar = 160;
  //der aktive Post
  global $post;
  //Titel ermitteln
  $title = $post->post_title;
  //Anzahl der Woerter ermitteln
  $words = str_word_count($title);
  //Laenge des Titels in Zeichen
  $chars = strlen($title);
  //Falls mehr als 10 Woerter verwendet wurden
  if ($words > $maxWord || $chars > $maxChar) {
    $errWord = '';
    if ($words > $maxWord) {
      $diff = ($words - $maxWord);
      $errWord = '<br/>  - K&uuml;rze '.
                 'den Titel um '.$diff;
      if ($diff != 1) {
        $errWord .= ' W&ouml;rter!';
      } else {
        $errWord .= ' Wort!';
      }
    }
    $errChar = '';
    if ($chars > $maxChar) {
      $diff = ($chars - $maxChar);
      $errChar = '<br/>  - K&uuml;rze '.
                 'den Titel um '. $diff.' Zeichen!';
    }
    //Fehlermeldung ausgeben
    wp_die('<p></p>Fehler!<br/>Der Titel des Posts entspricht '.
           'nicht den Richtlinien, er ist zu lang.<br/>'.
           'Die Anzahl der W&ouml;rter ist '.$words.
           ' (maximal: '.$maxWord.')<br/>Die L&auml;nge '.
           'ist '.$chars.' Zeichen (maximal: '.$maxChar.
           ')'.$errWord.$errChar, 'Fehler bei der '.
           'Posterstellung!', array('back_link'=>true));
  }
}
```

```
}
//Action aktivieren
add_action('publish_post', 'backEndPostTitleMaxWords');
?>
```

So sieht es im Back-End aus:

```
Fehler!
Der Titel des Posts entspricht nicht den Richtlinien, er ist zu lang.
Die Anzahl der Wörter ist 12 (maximal: 10)
Die Länge ist 272 Zeichen (maximal: 160)
    - Kürze den Titel um 2 Wörter!
    - Kürze den Titel um 112 Zeichen!

« Zurück
```

Bild 3.34: Wenn der Titel zu lang ist, wird der Artikel nicht gespeichert, sondern es wird eine Fehlermeldung ausgegeben.

3.5.10 Tweak #113: Felder aus dem Benutzerprofil entfernen

Unterstützt von:

Aufgabe:

Im Benutzerprofil sind einige Felder, die nicht benötigt werden; diese sollen entfernt werden.

Gefahren:

Daten in ausgefüllten Feldern werden versteckt, bleiben aber in der Datenbank enthalten.

WordPress-Datei:

functions.php

Neue Dateien:

profileFieldsHide.php

Dieser Tweak funktioniert erst ab WordPress 2.9, da das Benutzerprofil in den älteren Versionen eine statische Seite war. Für das Entfernen der Felder wird die folgende Funktion benötigt. Nur die drei gezeigten Felder werden dynamisch generiert, daher sind auch nur diese mit einfachen Mitteln entfernbar.

```php
<?php
/*********************************
 * Funktion:   Felder aus dem Benutzerprofil entfernen
 * WordPress:  ab 2.9
 * Styles:     keine
 * Wirkung:    Back-End > Benutzerprofil
 * Aufruf:     Filter
 *
 * Name:       profileFieldsHide
 * Parameter:  $contactmethods array
 *             assoziatives Array mit den einzelnen Datenfeldern
 * Rueckgabe:  $contactmethods array
 *             bereinigtes Array
 *********************************/
function profileFieldsHide($contactmethods) {
  //Drei Felder aus dem Array entfernen
  unset($contactmethods['aim']);
  unset($contactmethods['yim']);
  unset($contactmethods['jabber']);
  //bereinigtes Array zurueckgeben
  return $contactmethods;
}
//Filter hinzufuegen
add_filter('user_contactmethods', 'profileFieldsHide', 10, 1);
?>
```

So sieht es im Back-End aus:

Bild 3.35:
Die Profilseite mit den bereinigten Kontaktinformationen.

3.5.11 Tweak #114: Weitere Gravatare hinzufügen

Unterstützt von:

Aufgabe:
Die fünf vorhandenen Gravatare reichen nicht aus. Ich will weitere Symbole zur Verfügung haben.

Gefahren:
keine

WordPress-Datei:
functions.php

Neue Dateien:
addGravatars.php

Mit dem folgenden Code werden die Gravatare durch einen Filter von WordPress hinzugefügt. Damit sind drei weitere Gravatare im Back-End verfügbar. Die Bilder müssen quadratisch und sollten mindestens 64 x 64 Pixel und maximal 512 x 512 Pixel groß sein. Gespeichert werden die Bilder im Verzeichnis images/ des aktiven Templates.

```php
<?php
/********************
 * Funktion:    zusaetzliche Gravatare hinzufuegen
 * WordPress:   alle
 * Styles:      keine
 * Wirkung:     Back-End > Benutzerprofil
 *              Front-End > Kommentare
 * Aufruf:      Filter
 *
 * Name:        addGravatars
 * Parameter:   $avatar_defaults array
 *              ist ein Array mit bereits vorhandenen Gravatars
 *              Der Variablenname ist von WordPress vorgegeben
 *              Bilder fuer die Gravatare muessen im
 *              images-Verzeichnis des aktiven Themes stehen
 * Rueckgabe:   $avatar_defaults array
 *              Das mit neuen Gravataren erweiterte Array
 ********************/
function addGravatars($avatar_defaults) {
  //Template-Verzeichnis auslesen
  $gravDirAdd = get_bloginfo('template_directory').'/images/';
  $gravDirChk = get_template_directory().'/images/';
  //Array mit Bildern (Dateinamen) der Gravatare
  $pics = array('guru.png', 'flower.png', 'coolman.jpg');
  //Array mit Namen der Gravatare
  $gravs = array('Guru 2.0', 'Fleur', 'Cool Man');
  //Gravatar Array erzeugen
  for ($i = 0; $i < sizeof($pics); $i++) {
    //Nur wenn ein Bild vorhanden ist
    //wird der Gravatar hinzugefuegt
    if (file_exists($gravDirChk.$pics[$i])) {
      //Bild hinzufuegen
      $newGravatar = $gravDirAdd.$pics[$i];
      //Name hinzufuegen
      $avatar_defaults[$newGravatar] = $gravs[$i];
    }
  }
  //Gravatar-Array zurueckgeben
  return $avatar_defaults;
}
//Filter hinzufuegen
add_filter('avatar_defaults', 'addGravatars');
?>
```

So sieht es im Back-End aus:

Bild 3.36: Nachdem das Back-End neu aufgerufen wurde, sehen Sie die drei neuen Gravatare.

3.5.12 Tweak #115: Die Suche in WordPress komplett deaktivieren

Unterstützt von:

Aufgabe:
Wie wollen in Ihrem Blog keine Suche anbieten. Wenn Sie aber nur das Suchformular ausblenden, kann die Funktion noch immer direkt aufgerufen werden. Sie wollen auch diese Möglichkeit abschalten.

Gefahren:
Das Blog kann nicht mehr durchsucht werden.

WordPress-Datei:

functions.php

Neue Dateien:

disableSearch.php

Durch die beiden neuen Funktionen werden die Eingaben für eine Suche komplett gelöscht. Zusätzlich kann eine Fehlermeldung 404 erzeugt werden. Durch die Verwendung der Action und Filter greift dieser Tweak ohne weitere Programmierung direkt in WordPress ein.

```php
<?php
/*********************
 * Funktion:   Die Suchfunktion komplett deaktivieren
 * WordPress:  alle
 * Styles:     keine
 * Wirkung:    Front-End
 * Aufruf:     ueber Action/Filter
 *
 * Name:       disableSearch
 * Parameter:  $query array
 *             Die Suchbegriffe und -anfragen
 *             $show404 boolean
 *             Fehlerseite 404 anzeigen
 *             Standardwert ist: true
 *             moegliche Werte: true .... 404 anzeigen
 *                              false ... keinen Fehler anzeigen
 * Rueckgabe:  ---
 *******************/
function disableSearch($query, $show404 = true) {
  //Nur falls die Suche aufgerufen wurde
  if (is_search()) {
    //Suche deaktivieren
    $query->is_search = false;
    //Suchbegriffe loeschen
    $query->query_vars[s] = false;
    //Suchanfragen deaktivieren
    $query->query[s] = false;
    //Falls 404er angezeigt werden soll
    if ($show404) {$query->is_404 = true;}
  }
}
//Action aktivieren
add_action( 'parse_query', 'disableSearch' );
//Suchformular deaktivieren
```

240 Kapitel 3: Aufwendige Tweaks

```
function hideSearchForm() {
  return null;
}
//Filter aktivieren
add_filter('get_search_form', 'hideSearchForm');
?>
```

So sieht es im Front-End aus:

Bild 3.37: Wenn die Suche deaktiviert ist, wird eine Fehlerseite angezeigt.

4 Komplexe Tweaks

4.1 Formate anpassen oder erstellen

4.1.1 Tweak #116:
Eine benutzerdefinierte Art von Posts erstellen

Unterstützt von:

Aufgabe:

Um die Artikel besser verwalten zu können, soll eine eigene Art für Posts erstellt werden. Damit sind sie nicht mehr in der allgemeinen Artikelliste, sondern unter einem eigenen Menüpunkt abrufbar.

Gefahren:

Falls das Template nicht angepasst wird, werden diese Artikelarten nicht angezeigt.

WordPress-Datei:

functions.php

Neue Dateien:

registerPostNew.php

Eine neue Art von Posts lässt sich mit der folgenden neuen Funktion erzeugen:

```
<?php
/*******************
 * Funktion:   Eigenen Post-Type erzeugen
 * WordPress:  ab 2.9
 * Styles:     keine
 * Wirkung:    Back-End > Posts
 *             Front-End > Loop
```

```
 * Aufruf:    Register
 *
 * Name:      registerPostNew
 * Parameter: $plr string
 *            Bezeichnung des Typs in der Mehrzahl
 *            $sng string
 *            Bezeichnung des Typs in der Einzahl
 * Rueckgabe: keine
 *********************/
function registerPostNew($plr, $sng) {
  //Falls einer der beiden Parameter leer ist, die Funktion
  //sofort verlassen
  if ($plr == '' || $sng == '') {return;}
  //Array mit den Bezeichnungen der einzelnen Menuepunkte
  $lbls = array(
              'name' => _x($plr, 'Name der Artikel'),
              'singular_name' => _x($sng, 'Name des Artikels'),
              'add_new' => _x('Erstellen', $sng),
              'add_new_item' => __($sng.' erstellen'),
              'edit_item' => __($sng.' bearbeiten'),
              'new_item' => __('Neues '.$sng),
              'view_item' => __($sng.' anzeigen'),
              'search_items' => __('Suche '.$plr),
              'not_found' => __('Kein '.$sng.' gefunden'),
              'not_found_in_trash' => __('Keine '.$plr.
                                         ' im Papierkorb '.
                                         'gefunden'),
              'parent_item_colon' => ''
              );
  //Array fuer die unterstuetzten Module
  $spts = array('title', 'editor', 'author',
                'thumbnail', 'excerpt', 'trackbacks',
                'comments', 'page-attributes');

  //Array mit den Argumenten fuer die neue Artikelart
  //verwendet Array $lbls und $spts
  $args = array(
              'labels' => $lbls,
              'description' => 'Ein '.$sng.' als neuer Post',
              'public' => true,
              'show_ui' => true,
              'capability_type' => 'post',
              'hierarchical' => false,
              'rewrite' => true,
              'query_var' => 'tutorial',
```

```
                'supports' => $spts,
                'menu_position' => 5
                );
    //Neue Artikelart zu WordPress hinzufuegen
    register_post_type(strtolower($sng), $args);
}
?>
```

Diesmal ist es wichtig, dass in der Datei *functions.php* eine kleine Anpassung erfolgt. Normalerweise aktivieren Sie den Tweak mit dem Befehl require_once. Diesmal müssen Sie aber auch die neuen Arten der Posts angeben. Dies sieht dann im Quellcode so aus:

```
//eigenen Post-Type erstellen
require_once 'includes/registerPostNew.php';
//Tutorial registrieren
registerPostNew('Tutorials', 'Tutorial');
//Frequently Asked Questions registrieren
registerPostNew('FAQs', 'FAQ');
```

Dadurch erhalten Sie nun zwei neue Arten von Posts. Durch diese Konstruktion ergibt sich der Vorteil, jederzeit neue Posts registrieren zu können. Sie müssen nur die Mehr- und Einzahl im Funktionsaufruf angeben.

So sieht es im Back-End aus:

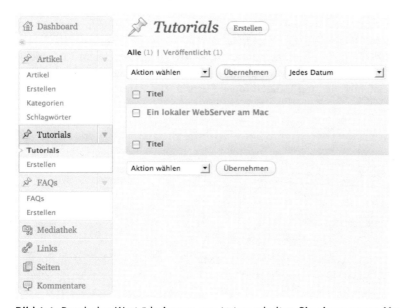

Bild 4.1: Durch den Wert 5 bei menu_position erhalten Sie einen neuen Menüpunkt namens *Tutorials* direkt hinter dem Menupunkt *Artikel*.

4.1.2 Tweak #117: Benutzerdefinierte Posts in einem eigenen Loop verarbeiten

Unterstützt von:

Aufgabe:
Die im Tweak #116 erstellten Posts sollen im Blog angezeigt werden.

Gefahren:
keine

WordPress-Datei:
functions.php

Alle Dateien, die einen Loop enthalten

Neue Dateien:
showPostsUser.php

Dazu müssen Sie einen eigenen Loop in Ihrem Template definieren. Bis Version 2.9 verwenden Sie dazu beispielsweise die Datei *index.php*, ab Version 3.0 kann es die Datei *loop.php* sein. Natürlich gibt es auch noch andere Dateien im aktiven Thema, die nicht übersehen werden dürfen: Beispielsweise die Anzeige der Suchresultate oder die Anzeige des Archivs. In den entsprechenden Dateien fügen Sie die neue Funktion ein. Dies kann zum Beispiel so aussehen:

```
...
<?php
//eigene Posts anzeigen
showPostsUser('tutorial', 'Tutorials', true);
//Anfang des Loops
while (have_posts()):
  the_post();
...
```

Wichtig ist, dass Sie für den neuen Loop eine eigene Variable, hier $qryTuts, für die Abfrage verwenden. Sonst kommen Sie mit dem Loop für die normalen Posts in Konflikt.

```php
<?php
/*********************
* Funktion:    benutzerdefinierte Posts anzeigen
* WordPress:   ab 2.9
* Styles:      keine
* Wirkung:     Front-End > Loop
* Aufruf:      direkt
*
* Name:        showPostsUser
* Parameter:   $postType string
*              interner Name der Artikelart
*              $title string
*              Titel der im Widget angezeigt werden soll
*              $excerpt boolean
*              Soll ein Auszug angezeigt werden
*              Standardwert ist: false
*              moegliche Werte:  true .... Auszug anzeigen
*                                false ... keinen Auszug zeigen
* Rueckgabe: direkte Ausgabe des Resultats
*********************/
function showPostsUser($postType, $title, $excerpt = false) {
  //Header des neuen Widgets
  $wgt = '<div id="the_'.$postType.'" class="post"><h3>'.
         $title.'</h3><div class="postContent">';
  //zusaetzliche Abfrage fuer die neue Artikelart
  $qryTuts = new WP_Query('post_type='.$postType.
                          '&post_status=publish');
  //zusaetzlicher Loop fuer die neue Artikelart
  if ($qryTuts->have_posts()) {
    while ($qryTuts->have_posts()) {
      //Post aktivieren
      $qryTuts->the_post();
      //Titel erstellen
      $wgt .= '<p class="title"><a href="'.get_permalink().
              '" rel="bookmark">'.the_title('', '', false).
              '</a></p>';
      //Falls Auszugs angezeigt werden soll, diesen erstellen
      if ($excerpt) {
        $wgt .= '<p class="excerpt">'.get_the_excerpt().
                '<br /><a href="'.get_permalink().'#more-'.
                $the_post->ID.'"title="'.__('Read the entire '.
                'Post', _NameSpace).'">'.__('read more &raquo;',
                _NameSpace).'</a></p>';
      }
    }
```

```
} else {
  //Falls keine Artikel gefunden wurden, Hinweis ausgeben
  $wgt .= '<p>Momentan sind keine Artikel vorhanden!</p>';
}
//Fusszeile des Widgets
$wgt .= '</div><div class="postFooter"> </div></div>';
//Widget ausgeben
echo $wgt;
}
?>
```

So sieht es im Front-End aus:

Bild 4.2: Durch den neuen Loop wird eine Liste mit den Tutorials angezeigt.

4.1.3 Tweak #118: Artikel fortlaufend nummerieren

Unterstützt von:

Aufgabe:
Alle Artikel des Blogs sollen mit einer fortlaufenden Nummer versehen werden.

Gefahren:
Solange nicht ein neuer Artikel erstellt oder ein bestehender gelöscht bzw. verändert wird, kann die fortlaufende Nummerierung nicht angezeigt werden.

WordPress-Datei:

functions.php

Neue Dateien:

addPostNumber.php

Wenn Sie die Funktion erstellt haben, werden alle Posts fortlaufend nummeriert. Die Funktion ermittelt alle Posts, die in der WordPress-Datenbank $wpdb gespeichert sind. Dazu wird eine Abfrage mit $qrySQL erzeugt und in der Folge in der foreach-Schleife verarbeitet. Diese fügt den Metadaten eines Artikels ein Datenfeld hinzu und speichert die fortlaufende Nummer aus der Variablen $i. Am Ende wird die neue Funktion mit der Methode add_action() für die drei Arten der Artikelbearbeitung (neu anlegen, bearbeiten und löschen) registriert.

```php
<?php
/*******************
 * Funktion:   Artikel fortlaufend nummerieren
 *             Legt ein neues Feld on der post_meta-Tabelle an
 *             und speichert eine fortlaufende Nummer
 *             fuer jeden Post
 * WordPress:  ab 1.5
 * Styles:     keine
 * Wirkung:    Back-End/Front-End
 * Aufruf:     Action
 *
 * Name:       addPostNumber
 * Parameter:  ---
 * Rueckgabe:  ---
 *******************/
function addPostNumber() {
  //WordPress Datenbank
  global $wpdb;
  //SQL-Befehl um alle veroeffentlichten Posts abzurufen
  $qrySQL = "SELECT $wpdb->posts.* FROM $wpdb->posts ".
            "WHERE $wpdb->posts.post_status = 'publish' ".
                "AND $wpdb->posts.post_type = 'post' ";
  //SQL-Abfrage durchfuehren
  $posts = $wpdb->get_results($qrySQL, OBJECT);
  //Zaehler auf Null setzen
  $i = 0;
  //Falls Posts gefunden wurden
  if ($posts) {
    //Alle Posts durchlaugen
    foreach ($posts as $post) {
      //Metadaten festlegen
```

```
        setup_postdata($post);
        //Zaehler erhoehen
        $i++;
        //Datenfeld den Metadaten (wp_postmeta) hinzufuegen
        add_post_meta($post->ID, 'postNr', $i, true);
        //Zaehler in die Metadaten eintragen
        update_post_meta($post->ID, 'postNr', $i);
    }
  }
}
//Action zum Nummerieren von neuen Posts
add_action('publish_post', 'addPostNumber');
//Action zum Nummerieren von veraenderten Posts
add_action('edit_post', 'addPostNumber');
//Action zum Nummerieren nach dem Loeschen eines Posts
add_action('deleted_post', 'addPostNumber');
?>
```

Um die Nummer anzuzeigen, können Sie an beliebiger Stelle innerhalb des Loops den Befehl `get_post_meta($post->ID, 'postNr', true)` verwenden.

4.1.4 Tweak #119: Statt des Artikeltitels direkt einen Hyperlink auf eine externe Seite ausgeben

Unterstützt von:

Aufgabe:

Sie wollen nicht immer einen kompletten Artikel schreiben, damit Ihre Leser auf einen Hyperlink aufmerksam werden. Stattdessen hätten Sie gerne den Hyperlink als Post-Titel dargestellt.

Gefahren:

keine

WordPress-Datei:

functions.php

4.1 Formate anpassen oder erstellen

Neue Dateien:

showPostTitelAsExternalLink.php

Wenn Sie die untenstehenden Funktionen und Filter erstellen, können Sie genau das erreichen. Sie müssen nur einen Post anlegen, ihm einen beliebigen Titel geben und als benutzerdefinierte Felder `url` mit der URL zur Adresse und `urlTitle` mit dem Titel des Hyperlinks angeben. Danach erstellt der Code den Titel als Hyperlink, fügt das Attribut `target="_blank"` hinzu und tauscht über eine weitere Funktion den Artikelinhalt aus.

```php
<?php
/*******************
 * Funktion:    Einen Titel als externen Link darstellen und den
 *              Post-Content aendern
 * WordPress:   alle
 * Styles:      keine
 * Wirkung:     Front-End > Loop
 * Aufruf:      Filter
 *
 * Name:        showPostTitelAsExternalLink
 * Parameter:   $title string
 *              Der Titel des Posts
 * Rueckgabe:   den Titel als a-Element
 *              den angepassten Inhalt
 *******************/
function showPostTitelAsExternalLink($title) {
    //ID des aktiven Posts
    $postID = $post->ID;
    //der Post
    $post = get_post($postID);
    //Titel des Posts
    $title = $post->post_title;
//Permalink des Posts
    $pLink = get_permalink($postID);
//benutzerdefinierte Felder
$custFields = get_post_custom($postID);
//pruefen ob Feldnamen passen
if (isset($custFields['url']) &&
    isset($custFields['urlTitle'])) {
    //durch alle benutzerdefinierten Felder iterieren
    foreach ($custFields as $key=>$value) {
      //den Link aus dem Feld URL speichern
      if (strtolower($key) == "url") {
        $aLink = $value[0];
      }
      //den Titel aus dem Feld urlTitle speichern
      if (strtolower($key) == "urltitle") {
```

```
            $aTitle = $value[0];
          }
      }
      //target fuer a-Element setzen
      $target = ' target="_blank"';
      //Den Inhalt austauschen
      changeContentForExternalLink($post->the_content);
  }
  //Falls kein externer Link gesetzt ist,
  //die Originalwerte zurueckgeben
  if ($aLink == "") {
    return $title;
  }
  //Den neuen Titel zusammenstellen
  $title = '<a href="'.$aLink.'" rel="bookmark" '.$target.
           'title="'.$aTitle.'">'.$aTitle.'</a>';
  //Den Titel zurueckgeben
  return $title;
}
//Filter fuer den Titel aktivieren
add_filter("the_title", 'showPostTitleAsExternalLink');
//Content austauschen - nur bei externen Link
function changeContentForExternalLink($content) {
  $content .= '<p>Ein interessanter Link f&uuml;r Dich!'.
              '<br />Klicke einfach auf den Titel!';
  return $content;
}
//Filter fuer den Content aktivieren
add_filter('the_content','changeContentForExternalLink');
?>
```

So sieht es im Front-End aus:

Bild 4.3: Der Titel als externer Link zeigt sich als normaler Post. Bei einem Klick auf den Titel wird jedoch die externe Webseite geöffnet.

4.1.5 Tweak #120: Die Autorendaten als Mikroformat (Visitenkarte) anzeigen

Unterstützt von:

Aufgabe:
Am Ende eines Artikels sollen die gespeicherten Kontaktdaten des Autors als Mikroformat angezeigt werden. Zusätzlich soll noch eine vCard zum Download angeboten werden.

Gefahren:
Sobald Kommunikationsdaten im Internet veröffentlicht werden, könnten sie missbraucht werden.

WordPress-Datei:
functions.php

Neue Dateien:

showInfoHCard.php

styleHCard.css

Dafür erzeugen Sie eine neue Funktion sowie einen passenden Stil für die Darstellung des Mikroformats. Diese erzeugt die Ausgabe als hCard mit den definierten Mikroformaten[15] und gibt sie als String retour. In diesem Fall dürfen Sie die Klassennamen nicht anpassen, denn sie sind durch das Mikroformat vordefiniert.

Das Bild im rechten oberen Eck der Visitenkarte können Sie selbst festlegen. Es muss im Verzeichnis `images/` des aktiven Themas, mit dem Namen `hcard.png` gespeichert werden.

Für den Download der vCard ist der Tweak #128 zuständig. Dieser sollte daher bereits realisiert sein. Um alle wesentlichen Daten für eine Visitenkarte zu haben, muss auch das Benutzerprofil angepasst werden. Darum kümmert sich der Tweak #67, diesen sollten Sie ebenfalls bereits realisiert haben.

```php
<?php
/*********************
 * Funktion:  hCard (Mikroformat) erzeugen
 * WordPress: ab 2.9
 * Styles:    styleHCard.css
 * Wirkung:   Front-End > Loop
 * Aufruf:    direkt
 *
 * Name:      showInfoHCard
 * Parameter: ---
 * Rueckgabe: direkte Ausgabe des Resultats als string
 *********************/
function showInfoHCard() {
  //Pruefen ob Vor-/Nachname vorhanden
  if (get_the_author_meta('first_name') != '' &&
      get_the_author_meta('last_name')  != '') {
    //Pfad zu den Visitenkarten im Hauptverzeichnis
    //der WordPress-Installation
    $vcPath = "vcard/";
    //Dateiname der vCard
    $vcName = get_the_author_meta('last_name').'_'.
              get_the_author_meta('first_name').'.vcf';
    $vcName = strtolower($vcName);
    //falls eine vcf-Datei vorhanden ist, diese verlinken
    if (is_file($vcPath.$vcName)) {
```

---

[15] Nähere Informationen zu Mikroformaten sind unter *http://microformats.org* verfügbar.

```
    $vcLink[] = '<a href="'.$vcPath.$vcName.'" title="'.
                'Visitenkarte von '.
                get_the_author_meta('first_name').' '.
                get_the_author_meta('last_name').'">';
  $vcLink[] = '</a>';
} else {
  $vcLink[] = '';
  $vcLink[] = '';
}
//akademischer Grad des Users
if (get_the_author_meta('grade_user', $userID) != '') {
  $gradeUser = get_the_author_meta('grade_user', $userID).
                ' ';
} else {
  $gradeUser = '';
}
//Personenname und Symbol erstellen
$hCard = '<div id="hcard-'.
          get_the_author_meta('first_name').'-'.
          get_the_author_meta('last_name').
          '" class="vcard">'.$vcLink[0].'<img src="'.
          get_bloginfo('template_directory').
          '/images/hcard.png" />'.$vcLink[1].
          '<div class="adr"><p><span class="fn">'.
          $gradeUser.
          get_the_author_meta('first_name').' '.
          get_the_author_meta('last_name').'</span>';
//Falls die Adresse eingegeben wurde diese anzeigen
if (get_the_author_meta('address_user') != '') {
  $hCard .= '<br><span class="street-address">'.
            get_the_author_meta('address_user').'</span>';
}
//Falls PLZ/Ort eingegeben wurde, diese anzeigen
if (get_the_author_meta('zip_user')  != '' &&
    get_the_author_meta('city_user') != '') {
  $hCard .= '<br><span class="postal-code">'.
            get_the_author_meta('zip_user').'</span> '.
            '<span class="locality">'.
            get_the_author_meta('city_user').'</span>';
}
//Falls der Statt eingegeben wurde, diesen anzeigen
if (get_the_author_meta('country_user') != '') {
  $hCard .= '<br><span class="country-name">'.
```

Kapitel 4: Komplexe Tweaks

```
              get_the_author_meta('country_user').'</span>';
  }
  //Falls Personendaten schliessen und Linie erzeugen
  $hCard .= '</p></div><span class="ruler"> </span>';
  //Falls die Kommunkiationsdaten vorhanden sind,
  //diese anzeigen
  if (get_the_author_meta('tel') != '' ||
      get_the_author_meta('user_email') != '' ||
      get_the_author_meta('user_url') != '') {
    $hCard .= '<div class="telecommunications">';
    //Falls die Telefonnummer vorhanden ist, diese anzeigen
    if (get_the_author_meta('tel') != '') {
      $hCard .= '<p>Telefon: <span class="tel">'.
                get_the_author_meta('tel').'</span></p>';
    }
    //Falls die eMail-Adresse vorhanden ist, diese anzeigen
    if (get_the_author_meta('user_email') != '') {
      $hCard .= '<p class="email">eMail: '.
                '<a class="email" href=mailto:"'.
                get_the_author_meta('user_email').'">'.
                get_the_author_meta('user_email').'</a></p>';
    }
    //Falls die webSite eingegeben wurde, diese anzeigen
    if (get_the_author_meta('user_url') != '') {
      $hCard .= '<p>WebSite: <a class="url" href="';
      //Pruefen ob http:// davorsteht
      $prot = substr(get_the_author_meta('user_url'), 0, 4);
      if ($prot != 'http') {
        $urlExt = 'http://';
      } else {
        $urlExt = '';
      }
      $hCard .= $urlExt.get_the_author_meta('user_url').'">'.
                $urlExt.get_the_author_meta('user_url').
                '</a></p>';
    }
    $hCard .= '</div>';
  }
  //Visitenkarte in eigenes div-Elemente einschliessen
  $hCard = '<div class="microformat">'.$hCard.'</div></div>';
} else {
  //Keine Daten vorhanden, daher leeren String zurueckgeben
  $hcard = '';
}
```

```
    //Visitenkarte zurueckgeben
    return $hCard;
}
?>
```

Um die Visitenkarte zu präsentieren, müssen Sie noch die entsprechenden CSS-Stile definieren.

```
/* Stile fuer das Mikroformat
 * benutzt von showInfoHCard.php
 */
div.post div.microformat {
  background: url("images/single_background.png") repeat-y top left;
  margin: 0px 50px 0px 2px;
  padding: 25px 50px 1px 30px;
  line-height: 1em;
  letter-spacing: 0.05em;
  width: 563px;
}
div.post div.microformat div.vcard {
  border: 1px solid #FFFFFF;
  background-color: #C0C0C0;
  rgin-left: -25px;
  width: 28em;
  font-family: "Lucida Grande", Helvetica, Arial, sans-serif;
  color: #606060;
}
div.post div.microformat div.vcard img {
  float: right;
  padding-right: 1em;
  margin-top: 1em;
  border: 0px;
}
div.post div.microformat div.vcard p {
  margin-left: 1em;
  line-height: 120%;
}
div.post div.microformat div.vcard .fn {
  display: inline-block;
  padding-top: 1.5em;
  padding-bottom: 2em;
  color: #303030;
  font-weight: bold;
  font-size: 140%;
}
div.post div.microformat div.vcard span.ruler {
```

```
  display: inline-block;
  border-bottom: 1px solid #D0D0D0;
  margin: 0em 25% 2em;
  padding: 10em 0em 2em;
  font-size: 1px;
  width: 50%;
  height: 1px;
}
div.post div.microformat div.vcard div.telecommunications {
  margin-bottom: 2em;
}
div.post div.microformat div.vcard div.adr p,
div.post div.microformat div.vcard div.telecommunications p {
  padding-top: 0px;
  padding-bottom: 0px;
  margin-top: 0px;
  margin-bottom: 5px;
}
div.post div.microformat div.vcard div.telecommunications a {
  color: #606060;
}
div.post div.microformat div.vcard div.telecommunications a:hover {
  color: #F0F0F0;
}
```

So sieht es im Front-End aus:

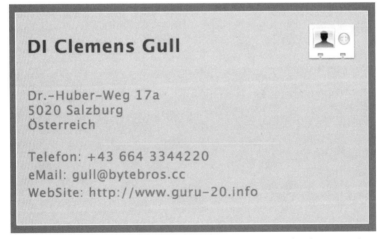

Bild 4.4: So zeigt sich die fertige Visitenkarte mit den Mikroformaten in der Einzelansicht eines Artikels.

4.1.6 Tweak #121: Eine eigene Schlagwortkategorie für benutzerdefinierte Posts erstellen

Unterstützt von:

Aufgabe:

Wenn nur benutzerdefinierte Posts angelegt werden, können diese nicht mit Schlagworten versehen werden. Dazu muss eine zusätzliche Taxonomie geschaffen werden.

Gefahren:

Falls die Tweak #116 und Tweak #117 nicht angewendet wurden, funktioniert dieser Trick nicht.

WordPress-Datei:

functions.php

Neue Dateien:

addTaxonomie.php

Für die neue Funktion müssen Sie die beiden vorherigen Tweaks bereits angewendet haben. Auch hier ist die Datei *functions.php* wieder anzupassen. Denn die Funktion ist für alle Arten von Posts gültig und benötigt daher die passenden Parameter.

```
//eine neue Taxonomie hinzufuegen
require_once 'includes/addTaxonomie.php';
//Array mit den verschiedenen Artikelarten
$postType = array('tutorial', 'faq');
//Taxonomie fuer Tutorials erstellen
addTaxonomie();
```

Wichtig ist hier, dass der erste Parameter exakt gleich lautet wie der Name des neuen registrierten Post-Typs für die benutzerdefinierten Artikel.

```
<?php
/*******************
 * Funktion:   Eine neue Taxonomie-Art erstellen
 * WordPress:  ab 2.9
 * Styles:     keine
 * Wirkung:    Back-End/Front-End
```

```
 * Aufruf:    Action
 *
 * Name:      addTaxonomie
 * Parameter: $postType string
 *            Fuer welche Postart soll die
 *            Taxonomie erstellt werden
 *            $slug string
 *            Permalink fuer die Taxonomie
 * Rueckgabe: keine
 ********************/
//neue Taxonomie erstellen
function addTaxonomie() {
  //Array der Taxonomie-Arten
  global $postType;
  //Array durchlaufen
  foreach ($postType as $pType) {
    //Bezeichnung fuer Permalink
    $slug = strtolower($pType);
    //Array fuer due einzelnen Menuepunkte und Feldnamen
    $lbls = array(
                'name'=>_x('Arten', 'Name der Taxonomie'),
                'singular_name'=>_x('Art', 'Einzahl'),
                'search_items'=> __('Suche Art'),
                'popular_items'=>__('Beliebte Arten'),
                'all_items'=>__('Alle Arten'),
                'parent_item'=>null,
                'parent_item_colon'=>null,
                'edit_item'=>__('Art bearbeiten'),
                'update_item'=>__('Art aktualisieren'),
                'add_new_item'=>__('Neue Art erstellen'),
                'new_item_name'=>__('Name der neuen Art'),
                'separate_items_with_commas'=> __('Arten mit '.
                                        'Komma trennen'),
                'add_or_remove_items'=>__('Arten erstellen '.
                                        'oder entfernen'),
                'choose_from_most_used'=>__('Von den meist '.
                                        'benutzten Arten '.
                                        'auswählen')
                );
    //Neue Taxonomie hinzufuegen
    //verwendet $lbls
    register_taxonomy('Arten'.$pType, $pType,
                    array(
                        'hierarchical'=>false,
                        'labels'=>$lbls,
```

```
                        'show_ui'=>true,
                        'query_var'=>true,
                        'rewrite'=>array('slug'=>$slug),
                )
        );
}
//Action fuer das Initialisieren einer
//neuen Taxonomie hinzufuegen
add_action('init', 'addTaxonomie', 0);
}
?>
```

So sieht es im Back-End aus:

Bild 4.5: Durch diesen Tweak sehen Sie im Menüpunkt *Tutorials* einen neuen Befehl *Arten*. Mit diesem können Sie neue Schlagwörter (Tags) für den benutzerdefinierten Typ erzeugen und verwalten.

Bild 4.6: Beim Erstellen eines neuen Posts wird jetzt das Widget für die Schlagwörter eingeblendet.

4.2 Die Usability verbessern

4.2.1 Tweak #122: Eine Krümelzeile (Breadcrumb) erzeugen

Unterstützt von:

Aufgabe:
Im Blog soll eine zusätzliche Navigationshilfe mit Hilfe einer Krümelzeile[16] erzeugt werden.

Gefahren:
keine

WordPress-Datei:
functions.php

header.php

Neue Dateien:
showBreadCrumb.php

Zuerst erstellen Sie eine Funktion, die den momentanen »Standort« des Benutzers im Blog ermittelt und zusammenstellt. Dafür ist der folgende Quellcode zuständig:

```
<?php
/*********************
 * Funktion:   Kruemmelzeile erstellen
 * WordPress:  alle
 * Styles:     keine
 * Wirkung:    Front-End > Header
 * Aufruf:     Filter
 *
 * Name:       showBreadCrumb
 * Parameter:  ---
 * Rueckgabe:  Direkte Ausgabe
```

---

[16] Eine Liste mit Hyperlinks, die die besuchten Seiten in der Reihenfolge ihres Aufeinanderfolgens anzeigt.

```
********************/
function showBreadCrumb() {
  //globale Abfrage fuer die Posts
  global $wp_query;
  //ist es die Startseite
  if (is_home()) {
    echo 'Home';
  } else {
    //Es ist eine Unterseite
    echo '<a href="'.get_settings('home').'">Home</a> &raquo; ';
    if (is_category()) {
      //Kategorienansicht
      $category = get_cat_ID(single_cat_title("", false));
      echo get_category_parents($category, TRUE, " &raquo; ");
    } elseif (is_tag()) {
      //Tag-Ansicht
      echo single_tag_title('', false)." &raquo; ";
    } elseif (is_archive() && !is_category()) {
      //Archiv und nicht Kategorie
      echo "Archiv";
    } elseif (is_search()) {
      //Suche
      echo "Suche nach '".get_search_query()."'";
    } elseif (is_404()) {
      //404er Fehler
      echo "Seite nicht vorhanden";
    } elseif (is_single()) {
      //einzelner Post
      //Kategorie ermitteln
      $category = get_the_category();
      $catID = get_cat_ID($category[0] -> cat_name);
      echo get_category_parents($catID, TRUE, " &raquo; ").
          the_title('', '', FALSE) ;
    } elseif (is_page()) {
      //Seitenansicht
      $post = $wp_query->get_queried_object();
      if ($post -> post_parent == 0 ) {
        //einzelne Seite
        echo the_title('', '', FALSE);
      } else {
        //Kind Seite (hierarchisch)
        $title = the_title('', '', FALSE);
        //Array der Elternseiten umkehren
        $ancestors=array_reverse(get_post_ancestors($post->ID));
        array_push($ancestors, $post->ID);
```

```
        //Durch das Array der Seiten iterieren
        foreach ($ancestors as $ancestor) {
          if ($ancestor != end($ancestors)) {
            //nicht die letzte übergeordnete Seite
            //Link fuer die Elternseite erstellen
            echo ' <a href="'.get_permalink($ancestor).'">'.
                strip_tags(
                   apply_filters('single_post_title',
                                  get_the_title($ancestor))
                ).'</a>';
          } else {
            //letzte übergeordnete Seite
            //Name der Seite hinzufuegen
            echo ' &raquo; '.strip_tags(
                 apply_filters('single_post_title',
                                get_the_title($ancestor))
                            );
          }
        }
      }
    }
  }
}
?>
```

Nun müssen Sie diese Funktion in Ihrem Template aufrufen. Idealerweise verwenden Sie dazu den Kopfbereich in der Datei *header.php*, in der Sie die nachfolgenden Programmzeilen einfügen. Dann ist die Krümelzeile auf allen Seiten verfügbar. Mit diesen Zeilen prüfen Sie auch, ob die neue Funktion vorhanden ist. Falls das der Fall ist, wird sie auch gleich ausgeführt.

```
<div class="breadCrumb">
  <?php
  if (function_exists('showBreadCrumb')) showBreadCrumb();
  ?>
</div>
```

4.2.2 Tweak #123: In der Seitenleiste die Top-Artikel des Blogs anzeigen

Unterstützt von:

Aufgabe:
Üblicherweise werden die Artikel mit den meisten Zugriffen oder Kommentaren als die besten Posts klassifiziert und auf der Startseite hervorgehoben. Oft sind es aber die kleinen Perlen im Blogger-Alltag, die Top-Artikel sind. Oder es sind einfach Posts, auf die man seine Leser aufmerksam machen möchte. Und genau diese Posts sollen in der Seitenleiste in einem eigenen Widget dargestellt werden.

Gefahren:
keine

WordPress-Datei:
functions.php

Seitenleiste oder Startseite bzw. alle Seiten, die Posts anzeigen

Neue Dateien:
showPostAsTop.php

Für diesen Tweak müssen Sie beim Anlegen oder Bearbeiten eines Artikels, der in der neuen Top-Liste erscheinen soll, ein benutzerdefiniertes Feld mit dem Namen `showAsTop` hinzufügen. Welchen Wert das Feld hat, ist gleichgültig. Für das weitere Vorgehen benötigen Sie nur den Eintrag in die Tabelle mit den Metadaten der Posts.

Nun können Sie die folgende Funktion programmieren, um später die Topartikel abzurufen. Die Funktion erstellt eine Liste für die Seitenleiste. Dort müssen Sie in der Folge auch den Befehl `echo showPostAsTop()` an passender Stelle eintragen, um die Posts zu sehen.

```
<?php
/*******************
 * Funktion:   markierte Artikel als TopArtikel anzeigen
 * WordPress:  alle
 * Styles:     keine
 * Wirkung:    Front-End > Widget
 *             Back-End > Posts
```

```
 * Aufruf:    direkt
 *
 * Name:      showPostAsTop
 * Parameter: $maxPosts integer
 *            maximale Anzahl zu zeigender Posts
 *            Standardwert ist: 5
 *            moegliche Werte: alle positiven Zahlen
 *            $title string
 *            Titel des Widget
 *            Standardwert ist: TopArtikel
 *            moegliche Werte: beliebiger String
 * Rueckgabe: direkte Ausgabe des Resultats als String
 ********************/
function showPostAsTop($maxPosts = 5, $title = 'TopArtikel'){
  //WordPress Datenbank
  global $wpdb;
  //SQL-Befehl erzeugen
  $sqlQuery = "SELECT post_id ".
              "FROM $wpdb->postmeta ".
              "WHERE meta_key='showAsTop' ".
              "ORDER BY meta_value ASC ".
              "LIMIT 0, ".$maxPosts;
  //SQL-Abfrage durchfuehren
  $topPosts = $wpdb->get_results($sqlQuery);
  //Falls Posts vorhanden sind
  if ($topPosts){
    //Widget Kopfdaten erstellen
    $wgt = '<li class="widget">'.
           '<h2 class="widgettitle">'.$title.
           '</h2><ul>';
    //Durch alle Posts iterieren
    foreach ($topPosts as $topPost){
      //Titel erzeugen und formatieren
      $title = wptexturize(get_the_title($Article -> post_id));
      //passenden Link erzeugen
      $link  = get_permalink($Article -> post_id);
      //zur Liste hinzufuegen
      $wgt .= '<li><a href="'.$link.'" title="'.$title.'">'.
              $title.'</a></li>';
    }
    //Fusszeile des Widgets
    $wgt .= '</ul></li>';
  } else {
    //Keine TopArtikel vorhanden
    $wgt = '';
```

```
}
    return $wgt;
}
?>
```

So sieht es im Front-End aus:

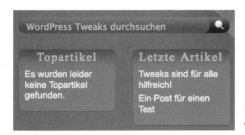

Bild 4.7: Falls keine Topartikel gefunden wurden, zeigt WordPress einen Hinweis an.

Bild 4.8: Wurden Topartikel gefunden, dann erscheinen sie als Liste in einem Widget.

4.2.3 Tweak #124: Kürzlich aktualisierte Seiten und Artikel in der Seitenleiste anzeigen

Unterstützt von:

Aufgabe:

Sie möchten alle Artikel und Seiten, die Sie erst vor kurzem aktualisiert habe, in einer Liste anzeigen. Damit können Sie auch ältere Posts wieder einem neuen Leserkreis nahe bringen.

Gefahren:

keine

WordPress-Datei:

functions.php

Seitenleiste oder Startseite bzw. alle Seiten, die Posts anzeigen

Neue Dateien:

showPostUpdated.php

Diese Funktion ist aufwendiger, denn damit haben Sie einige zusätzliche Möglichkeiten zur Darstellung bzw. Konfiguration. Mit den Übergabeparametern können Sie die Ausgabe der Informationen genau steuern. Die einzelnen Werte sind in den Bemerkungen am Anfang der Funktion näher erklärt.

```
<?php
/********************
 * Funktion:   kuerzlich aktualisierte Posts ermitteln
 * WordPress:  alle
 * Styles:     keine
 * Wirkung:    Front-End > Seitenleiste
 * Aufruf:     direkt
 *
 * Name:       showPostUpdated
 * Parameter:  $title string
 *                Titel des Widgets
 *             $maxPosts integer
 *                Anzahl der zu zeigenden Posts
 *                Standardwert ist: 5
 *                moegliche Werte:  alle Zahlen > 0
 *             $type string
 *                Welche Art von Daten soll angezeigt werden
 *                Standardwert ist: post
 *                moegliche Werte:  post ........ Post
 *                                  page ........ Seite
 *                                  post;page ... Posts und Seiten
 *                                  @@@@@@ ...... benutzerdefinierte
 *                                                Seite (definierten
 *                                                Namen angeben)
```

```
 *                           all ......... Alle Eintraege
 *                                         (ausser
 *                                         Attachements und
 *                                         Revision)
 *           $days integer
 *           Anzahl der Aktualisierungstag
 *           Standardwert ist: 7
 *           moegliche Werte:  alle Zahlen > 0
 *           $showDate boolean
 *           Soll das Aktualisierungsdatum angezeigt werden
 *           Standardwert ist: false
 *           moegliche Werte:  true .... Datum anzeigen
 *                             false ... keine Datumsanzeige
 * Rueckgabe: direkte Ausgabe des Resultats als String
 ********************/
function showPostUpdated($title,
                        $maxPosts = 5,
                        $type     = "post",
                        $days     = 7,
                        $showDate = false) {
  //WordPress Datenbank
  global $wpdb;
    //aktuelle Zeit ermitteln
  if (function_exists('current_time_fixed')) {
    //erst in aktuellen Versionen vorhanden
    $today = current_time_fixed('mysql');
  } else {
    //WordPress-Version ist nicht aktuell
    $today = current_time('mysql');
  }
  //hoechstes Datum ermitteln
  $limitDate = date("Y-m-d H:i:s",
                    strtotime("$today -$days days"));
  //Einschraenkung fuer SQL festlegen
  $sqlFilter = "AND (post_type <> 'revision' AND ".
               "post_type <> 'attachment'";
  //Art der anzuzeigenden Posts verarbeiten
  if ($type == "all") {
    $sqlFilter .= ") ";
  } elseif ($type == "post;page") {
    $sqlFilter .= " AND (post_type = 'post' ".
                  "OR post_type = 'page')) ";
  } else {
    $sqlFilter .= " AND post_type = '$type') ";
  }
```

```php
//SQL-Abfrage zusammenstellen
$sqlQuery = "SELECT ID, post_title, post_modified_gmt ".
            "FROM $wpdb->posts ".
            "WHERE post_status = 'publish' ".
              "AND (post_modified_gmt < '$today' ".
              "    AND post_modified_gmt >= '$limitDate') ".
              $sqlFilter.
            "ORDER BY post_modified_gmt DESC ".
            "LIMIT ".$maxPosts;
//geanderte Posts ermitteln
$Posts = $wpdb->get_results($sqlQuery);
//Falls Posts vorhanden sind
if ($Posts) {
  //Kopfzeile des Widgets
  $wgt = '<li class="widget">'.
         '<h2 class="widgettitle">'.$title.
         '</h2><ul>';
  //Jeden einzelnen Post ausgeben
  foreach($Posts as $Post) {
    //Hyperlink und Titel zusammenstellen
    $wgt .= '<li><a href="'.get_permalink($Post->ID).'">'.
            $Post->post_title.'</a>';
    //Datum anzeigen?
    if ($showDate) {
      $wgt .= ' ('.date("j. M. Y",
              strtotime($Post->post_modified_gmt)).')';
    }
    $wgt .= '</li>';
  }
  //Fusszeile des Widgets
  $wgt .= '</ul></li>';
} else {
  $wgt = '';
}
//Widget zurueckgeben
return $wgt;
}
?>
```

Um diese neue Funktion zu verwenden, fügen Sie in der Seitenleiste Ihres Templates (normalerweise ist das die Datei *sidebar.php*) den Befehl `echo showPostUpdated ('Updated', 5, "post", 7, true)` für die Ausgabe ein.

So sieht es im Front-End aus:

Bild 4.9: Dies ist die Darstellung der kürzlich geänderten Posts in der Seitenleiste des aktiven Themas.

4.2.4 Tweak #125: Kommentare, TrackBacks und PingBacks in getrennten Bereichen anzeigen

Unterstützt von:

Aufgabe:

Die neueren WordPress-Versionen benutzen in der Kommentar-Vorlage eine Funktion namens `wp_list_comments()`. Dadurch ist eine einfache Trennung der drei Kommentartypen (die Benutzerkommentare, die Track- und die PingBacks) nicht mehr möglich. Damit die Leser aber die »echten« Kommentare leichter erkennen, wollen Sie diese Trennung wieder haben.

Gefahren:

keine

WordPress-Datei:

functions.php

Vorlagen, die Kommentare anzeigen

Neue Dateien:

showPostComments.php

Dazu brauchen Sie zwei (oder drei) neue Funktionen, für jeden Kommentartyp eine. Sie stellen sogenannte Callback-Routinen dar. Damit dieser Tweak einfacher zu verwalten ist, legen Sie diese Funktionen innerhalb einer neuen Datei an. Dies sind Funktionen, die statt der eigentlichen Funktion aufgerufen werden oder die Teile der ursprünglichen Funktion ersetzen. In unserem Fall wird zwar der Loop von der Funktion ausgeführt, die Ausgabe der einzelnen Kommentare erfolgt aber durch unsere neue Funktion. Erstellen wir zuerst eine Funktion für die echten Kommentare.

```php
<?php
/*********************
 * Funktion:   Ausgabe der einzelnen Kommentare
 * WordPress:  ab 2.8
 * Styles:     keine
 * Wirkung:    Front-End > Kommentare
 * Aufruf:     CallBack
 *
 * Name:       showPostComments
 * Parameter:  $comment array
 *                 Der aktuelle Kommentar
 *             $args array
 *                 Uebergabeparameter der Originalfunktion
 *             $depth integer
 *                 Verschachtelungstiefe der Kommentare
 * Rueckgabe: direkte Ausgabe des Kommentars
 *********************/
function showPostComments($comment, $args, $depth) {
  //Kommentar aktivieren
  $GLOBALS['comment'] = $comment;
  //Kopfbereich des Kommentars
  echo '<li ';
  comment_class();
  echo ' id="li-comment-'.
      $comment->comment_ID.'">'.
      '<div id="comment-'.$comment->comment_ID.'">'.
      '<div class="comment-author vcard">'.
      get_avatar($comment, $size='64').
      '<cite class="fn">'.
      get_comment_author_link().
      '</cite> <span class="says">schreibt:</span></div>';
  //Ist der Kommentar schon freigegeben
  if ($comment->comment_approved == '0') {
    echo '<em>'._e('Your comment is awaiting moderation.').
        '</em><br />';
  }
  //Kommentarlink
  echo '<div class="comment-meta commentmetadata">'.
```

```
         '<a href="'.get_comment_link($comment->comment_ID).'">';
    printf(__('%1$s at %2$s'),
           get_comment_date(), get_comment_time());
    echo '</a>'.edit_comment_link(__('(Edit)'),' ','').'</div>';
    //Der Kommentartext
    comment_text();
    //Antwort-/Kommentarformular
    $repArgs = array_merge($args,
                           array('depth' => $depth,
                                 'max_depth' => $args['max_depth']
                                )
                          );
    echo '<div class="reply">'.comment_reply_link($repArgs).
         '</div></div>';
}
```

Nun können Sie in derselben Datei eine zweite Funktion erstellen, die die Kommentartypen Track-/Pingbacks ausgeben wird.

```
/********************
 * Funktion:   Ausgabe der einzelnen Kommentare
 * WordPress:  ab 2.8
 * Styles:     keine
 * Wirkung:    Front-End > TrackBacks/PingBacks
 * Aufruf:     CallBack
 *
 * Name:       showPostTrackbacks
 * Parameter:  $comment array
 *             Der aktuelle Kommentar
 *             $args array
 *             Uebergabeparameter der Originalfunktion
 *             $depth integer
 *             Verschachtelungstiefe der Kommentare
 * Rueckgabe:  direkte Ausgabe des Kommentars
 ********************/
function showPostTrackbacks($comment, $args, $depth) {
    //Kommentar aktivieren
    $GLOBALS['comment'] = $comment;
    //Kopfbereich des Kommentars
    echo '<li ';
    comment_class();
    echo ' id="li-comment-'.
         $comment->comment_ID.'">'.
         '<div id="comment-'.$comment->comment_ID.'">'.
         '<div class="comment-author vcard">'.
         '<cite class="fn">Trackback von '.
```

```
            get_comment_author_link().
         '</cite> <span class="says"></span></div>';
  //Ist der Kommentar schon freigegeben
  if ($comment->comment_approved == '0') {
     echo '<em>'._e('Your comment is awaiting moderation.').
          '</em><br />';
  }
  //Kommentarlink
  echo '<div class="comment-meta commentmetadata">'.
       '<a href="'.get_comment_link($comment->comment_ID).'">';
  printf(__('%1$s at %2$s'),
          get_comment_date(), get_comment_time());
  echo '</a>'.edit_comment_link(__('(Edit)'),' ','').'</div>';
  //Der Kommentartext
  comment_text();
  //Antwort-/Kommentarformular
  $repArgs = array_merge($args,
                         array('depth' => $depth,
                               'max_depth' => $args['max_depth']
                         )
                        );
  echo '<div class="reply">'.comment_reply_link($repArgs).
       '</div></div>';
}
?>
```

Nun müssen Sie noch in der Vorlage für die Kommentare die Ausgabe der Liste anpassen. Wie oben gesehen, müssen Sie die Zeile mit dem Befehl `wp_list_comments()` anpassen. Sie sehen im folgenden Abschnitt die Originalfunktion (die auskommentiert ist) und die beiden neuen Aufrufe.

```
...
//Falls bereits Kommentare vorhanden sind
  if (have_comments()):
  //Ueberpruefen der Version (>= 2.7?)
  if (function_exists('wp_list_comments')):
  ?>
     <p style="font-size: 130%">Kommentare</p>
     <ul class="commentlist">
       <?php
              /**********
              alte Funktion >> durch Callback ersetzen
              wp_list_comments(array('style' => 'ul',
                                     'avatar_size' => '64'
                               )
                              );
```

```
           ***********/
           wp_list_comments(
              array('style' => 'ul',
                    'avatar_size' => '64',
                    'type' => 'comment',
                    'callback' => 'showPostComments')
                    );
     ?>
  </ul>
  <p style="font-size: 130%">Reaktionen bei anderen Blogs</p>
  <ul class="commentlist">
    <?php
       //pings = trackbacks and pingbacks
       wp_list_comments(
            array('style' => 'ul',
                  'type' => 'pings',
                  'callback' => 'showPostTrackbacks')
                  );
     ?>
  </ul>
...
```

4.2.5 Tweak #126: Die gefundenen Suchbegriffe hervorheben

Unterstützt von:

Aufgabe:
Wenn ein Benutzer nach einem oder mehreren Begriffen sucht, sollen die Suchbegriffe in den gefundenen Artikeln, in denen sie vorkommen, hervorgehoben werden.

Gefahren:
keine

WordPress-Datei:
functions.php

header.php

search.php

Neue Dateien:

showExcerptHighlight.php

styleExcerptHighlight.css

Die neue Funktion liest die Suchbegriffe und den Auszug eines Posts ein. Danach ersetzt es die Begriffe durch sich selbst und einen umgebenden CSS-Stil.

```
<?
/*********************
* Funktion:   Suchergebnisse hervorheben
* WordPress:  alle
* Styles:     styleExcerptHighlight.css
* Wirkung:    Front-End > Suche
* Aufruf:     Filter
*
* Name:       showExcerptHighlight
* Parameter:  $search string
*             Suchwoerter
*             $show boolean
*             Soll das Resultat aus- oder zurueckgegeben werden
*             Standardwert ist: true
*             moegliche Werte:  true .... Resultat ausgeben
*                               false ... Resultat zurueckgeben
* Rueckgabe:  Postauszug mit hervorgehobenen Suchergebnissen
*********************/
function showExcerptHighlight($search, $show = true) {
  //Der aktive Post
  global $post;
  //Array aus den Suchwoertern erstellen
  $keys= explode(" ",$search);
  //Den Auszug des aktiven Posts ermitteln
  $excerpt = get_the_excerpt($post->id);
  //css-Stile in den String einbauen
  $excerpt = preg_replace('/('.implode('|', $keys) .')/iu',
                    '<strong class="searchHighlight">\0'.
                    '</strong>', $excerpt);
  if ($show) {
    //Auszug des Posts ausgeben
    echo "<p>".$excerpt."</p>";
  } else {
    //Auszug zurueckgeben
    return $excerpt;
  }
}
?>
```

4.2 Die Usability verbessern

Als Nächstes legen Sie eine Datei für den Stil der Hervorhebung an und binden diese Datei im head-Element ein.

```
/* Stil fuer das Hervorheben der Suchbegriffe */
strong.searchHighlight {
  display: inline-block;
  padding: 0px 3px 0px 3px;
  background-color: #990000;
  color: #FFFFFF;
}
```

Nun suchen Sie in der Datei *search.php* nach dem Befehl the_excerpt() und fügen statt diesem den Befehl showExcerptHighlight($s, true); ein.

So sieht es im Front-End aus:

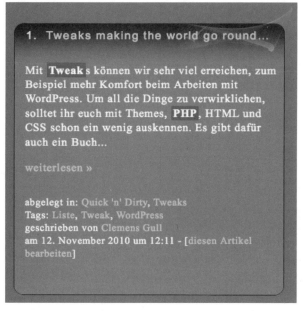

Bild 4.10: Der Tweak stellt dem User mehr Komfort zur Verfügung, da die Suchbegriffe im Text hervorgehoben werden.

4.3 Das Back-End oder WordPress erweitern

4.3.1 Tweak #127: Kommentare zeitgesteuert sperren

Unterstützt von:

Aufgabe:

Ich will in den Posts meines Blogs die Kommentare sperren, aber nicht für alle Posts, sondern nur für jene, die ein bestimmtes Alter in Tagen überschritten haben.

Gefahren:

Konflikte mit bereits bestehenden Filtern.

WordPress-Datei:

functions.php

Neue Dateien:

showPostCloseComment.php

Die Funktion dieses Tweaks ist so aufgebaut, dass sie zuerst prüft, ob ein einzelner Artikel angezeigt wird. Normalerweise sind Kommentare nur in der Einzelansicht möglich. Diese Zeile können Sie entfernen, falls in Ihrem Thema Kommentare in jeder Darstellungsvariante erlaubt sind. Danach wird auf das Alter des Artikels geprüft. Den Wert in Tagen legen Sie mit der Variablen `$days2close` fest. Sie können den Wert an Ihre Anforderungen anpassen. In diesem Beispiel wurden 60 Tage verwendet. Die Funktion wird automatisch mit einem Filter aktiviert und braucht daher keinen weiteren Aufruf.

```
<?php
/*********************
 * Funktion:    Kommentare zeitgesteuert sperren
 * WordPress:   alle
 * Styles:      keine
 * Wirkung:     Front-End > Posts
 * Aufruf:      direkt
 *
 * Name:        showPostCloseComment
 * Parameter:   ---
```

```
 * Rueckgabe: $posts array
 *            Array mit gesperrter Kommentarfunktion
********************/
function showPostCloseComment($posts) {
  //Kommentare sind nur fuer einzelne Posts moeglich
  //Falls es kein einzelner Post ist, die Funktion verlassen
  if (!is_single()) {return $posts;}
  //Alter in Tagen fuer die Sperre
  $days2close = 60;
  //Alter in Sekunden umrechnen
  $postSec = $days2close * 86400;
  //Falls das Postalter ueberschritten wurde
  if (time() - strtotime($posts[0]->post_date_gmt) >= $postSec) {
    //Kommentare sperren
    $posts[0]->comment_status = 'closed';
    // Ping sperren
    $posts[0]->ping_status    = 'closed';
  }
  //(veraenderte) Posts zurueckgeben
  return $posts;
}
//Filter hinzufuegen und Funktion aktivieren
add_filter('the_posts', 'showPostCloseComment');
?>
```

4.3.2 Tweak #128: Eine digitale Visitenkarte bei der Benutzerprofilverwaltung erzeugen

Unterstützt von:

Aufgabe:

Bei der Anlage bzw. Änderung in einem Benutzerprofil wollen Sie eine VCF-Datei (digitale Visitenkarte) erzeugen bzw. aktualisieren.

Gefahren:

keine

WordPress-Datei:

functions.php

Neue Dateien:

createVCard.php

Durch diese neue Funktion werden im Verzeichnis vcard/ im Hauptverzeichnis des Blogs digitale Visitenkarten erzeugt. Der Name der VCF-Datei besteht immer aus dem im Profil angelegten Nach- und Vornamen, beispielsweise gull_clemens.vcf. Für die VCF-Datei wird die aktuelle Version 3.0 des Formats[17] verwendet. Selbstverständlich werden nur die Felder ausgegeben, die auch im Profil vorhanden und ausgefüllt sind.

```
<?php
/*********************
 * Funktion:    Visitenkarte vCard als Datei erzeugen
 *              Prueft ob eine Visitenkarte fuer den Benutzer
 *              vorhanden ist und legt, falls notwendig, eine
 *              neue vCard an
 * WordPress:   alle
 * Styles:      keine
 * Wirkung:     Back-End
 * Aufruf:      ueber Action
 *
 * Name:        createVCard
 * Parameter:   ---
 * Rueckgabe:   ---
 *********************/
function createVCard() {
//User ermitteln
$userdata = wp_get_current_user();
//ID des Users
$userID   = $userdata->id;
//Pfad zu den Visitenkarten im Hauptverzeichnis
//der WordPress-Installation
$temp = explode('/', $_SERVER['SCRIPT_FILENAME']);
unset($temp[count($temp) - 1]);
unset($temp[count($temp) - 1]);
$path = join('/',$temp)."/vcard/";
//Falls vCard-Verzeichnis nicht im Root vorhanden ist,
//wird es angelegt
if (!is_dir($path)) {mkdir($path, 0777);}
```

---

[17] Für mehr Informationen können Sie unter *http://www.imc.org/pdi/* nachschlagen.

```php
//Autoreninfos zusammenstellen
$firstName = get_the_author_meta('first_name', $userID);
$lastName  = get_the_author_meta('last_name', $userID);
//akademischer Grad des Users
if (get_the_author_meta('grade_user', $userID) != '') {
  $gradeUser = get_the_author_meta('grade_user', $userID);
} else {
  $gradeUser = '';
}
//Name der vCard
$vcName = strtolower($lastName."_".$firstName.".vcf");
//Falls die vCard bereits vorhanden ist, diese loeschen
if (is_file($path.$vcName)) {unlink($path.$vcName);}
//Zaehler fuer Items
$i = 1;
//String-Array zusammenstellen
//vCard und Version
$vc[] = 'BEGIN:VCARD';
$vc[] = 'VERSION:3.0';
//Name des Benutzers
$vc[] = 'N:'.$lastName.';'.$firstName.';;'.$gradeUser.';';
//akademischer Grad
if ($gradeUser != '') {$gradeUser .= ' ';}
$vc[] = 'FN:'.$gradeUser.$firstName.' '.$lastName;
//Firmenname
if (get_the_author_meta('name_work', $userID) != '') {
  $vc[] = 'ORG:'.
          get_the_author_meta('name_work', $userID).';';
}
//eMail Privat (Standard)
$userPic = '';
if (get_the_author_meta('user_email', $userID) != '') {
  $vc[] = 'EMAIL;type=INTERNET;type=HOME;type=pref:'.
          get_the_author_meta('user_email', $userID);
  //Gravatar anfuegen
  $userPic = 'http://www.gravatar.com/avatar/'.
             md5(strtolower(trim(
             get_the_author_meta('user_email', $userID))));
  //Photo von Gravatar holen und codieren
  $userPic = base64_encode(file_get_contents($userPic));
  $vc[] = 'PHOTO;ENCODING=BASE64;TYPE=PNG:'.$userPic;
}
//eMail Firma
```

```php
if (get_the_author_meta('email_work', $userID) != '') {
  $vc[] = 'EMAIL;type=INTERNET;type=WORK:'.
          get_the_author_meta('email_work', $userID);
}
//Telefon Mobil (Standard)
if (get_the_author_meta('cell_user', $userID) != '') {
  $vc[] = 'TEL;type=CELL;type=pref:'.
          get_the_author_meta('cell_user', $userID);
}
//Telefon Privat
if (get_the_author_meta('tel_user', $userID) != '') {
  $vc[] = 'TEL;type=HOME:'.
          get_the_author_meta('tel_user', $userID);
}
//Telefon Firma
if (get_the_author_meta('tel_work', $userID) != '') {
  $vc[] = 'TEL;type=WORK:'.
          get_the_author_meta('tel_work', $userID);
}
//Mobil Firma
if (get_the_author_meta('cell_work', $userID) != '') {
  $vc[] = 'item'.$i.'.TEL:'.
          get_the_author_meta('cell_work', $userID);
  $vc[] = 'item'.$i.'.X-ABLabel:Mobil Arbeit';
  $i++;
}
//Adresse Firma
if (get_the_author_meta('address_work', $userID) != '' &&
    get_the_author_meta('zip_work', $userID) != '' &&
    get_the_author_meta('city_work', $userID) != '' &&
    get_the_author_meta('country_work', $userID) != '') {
  $vc[] = 'item'.$i.'.ADR;type=WORK:;;'.
          get_the_author_meta('address_work', $userID).';'.
          get_the_author_meta('city_work', $userID).';;'.
          get_the_author_meta('zip_work', $userID).';'.
          get_the_author_meta('country_work', $userID);
  $i++;
}
//Adresse Privat (Standard)
if (get_the_author_meta('address_user', $userID) != '' &&
    get_the_author_meta('zip_user', $userID) != '' &&
    get_the_author_meta('city_user', $userID) != '' &&
    get_the_author_meta('country_user', $userID) != '') {
```

```
    $vc[] = 'item'.$i.'.ADR;type=HOME;type=pref:;;'.
            get_the_author_meta('address_user', $userID).';'.
            get_the_author_meta('city_user', $userID).';;'.
            get_the_author_meta('zip_user', $userID).';'.
            get_the_author_meta('country_user', $userID);
    $i++;
}
//WebSite (Privat) (Standard)
if (get_the_author_meta('url_work', $userID) != '') {
  //Pruefen ob http:// davorsteht
  if (substr(
      get_the_author_meta('url_work',$userID),0,4)!='http') {
    $url = 'http\://'.
           get_the_author_meta('url_work', $userID);
  } else {
    $url = str_replace('://', '\://',
               get_the_author_meta('url_work', $userID));
  }
  $vc[] = 'item'.$i.'.URL:'.$url;
  $vc[] = 'item'.$i.'.X-ABLabel:Website';
  $i++;
}
//WebSite (Firma)
if (get_the_author_meta('user_url', $userID) != '') {
  //Pruefen ob http:// davorsteht
  if (substr(
      get_the_author_meta('user_url',$userID),0,4)!='http') {
    $url = 'http\://'.
           get_the_author_meta('user_url', $userID);
  } else {
    $url = str_replace('://', '\://',
               get_the_author_meta('user_url', $userID));
  }
  $vc[] = 'URL;type=HOME:'.$url;
}
//WebSite (Blog)
$url = str_replace('://', '\://', get_bloginfo('wpurl'));
$vc[] = 'item'.$i.'.URL;type=pref:'.$url;
$vc[] = 'item'.$i.'.X-ABLabel:Blog';
$i++;
//Geburtstag
if (get_the_author_meta('bday_user', $userID) != '') {
  $vc[] = 'BDAY;value=date:'.
```

```
            get_the_author_meta('bday_user', $userID);
  }
  //Nickname
  if (get_the_author_meta('nickname', $userID) != '') {
    $vc[] = 'NICKNAME:'.
            get_the_author_meta('nickname', $userID);
  }
  //GoogleTalk
  if (get_the_author_meta('jabber', $userID) != '') {
    $vc[] = 'X-JABBER;type=WORK;type=pref:'.
            get_the_author_meta('jabber', $userID);
  }
  $vc[] = 'REV:'.date('Ymd\THis\Z');
  $vc[] = 'END:VCARD';
  //Datei oeffnen
  $file = fopen($path.$vcName, 'w+');
  //Inhalt schreiben
  foreach($vc as $vcLine) {
    fwrite($file, $vcLine."\n");
  }
  //Datei schliessen
  fclose($file);
}
//Filter hinzufuegen
add_filter('profile_update', 'createVCard');
?>
```

So sieht es im Front-End aus:

Bild 4.11: Wenn Sie die erstellte vCard in Ihr Adressbuch importieren, sehen Sie die neuen Daten – natürlich nur jene, welche im Benutzerprofil auch angegeben wurden.

4.3.3 Tweak #129: Das Back-End um einen eigenen Menüpunkt mit einer Optionsseite erweitern

Unterstützt von:

Aufgabe:

Da jetzt schon so viele Tweaks vorhanden sind, würde ich sie gerne im Back-End direkt verwalten, aktivieren und anpassen können.

Gefahren:

keine

WordPress-Datei:

functions.php

header.php

footer.php

index.php bzw. *loop.php*

Neue Dateien:

createTweaksMenu.php

Für diesen Tweak müssen Sie einerseits eine eigene Datei für das Administrationsmenü erstellen. Diese besteht aus mehreren Funktionen, um den Menüpunkt, die Einstellungsseite und die einzelnen Optionen zu aktivieren. In diesem Beispiel werden wir nur ein paar exemplarische Tweaks bearbeiten. Natürlich können Sie diesen Quellcode erweitern, damit Sie ihn für fast alle Tweaks verwenden können.

Der größte Teil dieser Funktion besteht aus HTML-Elementen. Die Funktion `tweakSettings()` ist für die Darstellung der Options-Seite im Back-End zuständig.

```php
<?php
/********************
 * Funktion:   Einen neuen Menuepunkt im Back-End erstellen
 * WordPress:  ab 2.9
 * Styles:     keine
 * Wirkung:    Back-End
 * Aufruf:     Action
 *
 * Name:       createTweaksMenu
 * Parameter:  ---
 * Rueckgabe:  keine
 ********************/
function createTweaksMenu() {
  //Einen Menuepunkt in der linken Seitenleiste erzeugen
  //registriert automatisch die Funktion tweakSettings
  add_menu_page('Einstellungen f&uuml;r WordPress-Tweaks',
                'Tweaks', 'administrator', __FILE__,
                'tweakSettings');
  //Die Funktion registerTweaksSettings registrieren,
  //damit werden die kompletten Eingabefelder aus tweakSetting
  //aktiviert
  add_action( 'admin_init', 'registerTweaksSettings' );
}
```

```
//Das Menu hinzufuegen
add_action('admin_menu', 'createTweaksMenu');
//Eine Mischung aus PHP/HTML, um das Optionsmenue anzuzeigen
function tweakSettings() {
?>
<div class="wrap" id='adminTweaks'>
  <h2>Einstellung f&uuml;r die Tweaks</h2>
  <form method="post" action="options.php">
    <?php settings_fields('tweakSetting'); ?>
    <h3>Einfache Tweaks</h3>
    <h4>META-Informationen und Basiseinstellungen</h4>
    <table class="form-table">
      <tr valign="top">
        <th scope="row">Tweak #1:</th>
        <td>WP-Generator entfernen</td>
        <td>
          <input type="checkbox" name="tweak_removeGenerator"
            value="1" <?php
            if (get_option('tweak_removeGenerator')) {
              echo "checked";
            } ?> />
        </td>
      </tr>
      <tr valign="top">
        <th scope="row">Tweak #3:</th>
        <td>Widgets entfernen</td>
        <td>
          <input type="checkbox" name="tweak_removeWidgets"
            value="1" <?php
            if (get_option('tweak_removeWidgets')) {
              echo "checked";
            } ?> />
        </td>
      </tr>
      <tr valign="top">
        <th scope="row">Tweak #8:</th>
        <td>Abfragen und Dauer anzeigen</td>
        <td>
          <input type="checkbox" name="tweak_showQueries"
            value="1" <?php
            if (get_option('tweak_showQueries')) {
              echo "checked";
            } ?> />
        </td>
      </tr>
```

```
      <tr valign="top">
        <th scope="row">Tweak #9:</th>
        <td>Suchmaschinen ausschlie&szlig;en</td>
        <td>
          <input type="checkbox" name="tweak_excludeRobots"
            value="1" <?php
            if (get_option('tweak_excludeRobots')) {
              echo "checked";
            } ?> />
        </td>
      </tr>
    </table>
    <h4>Automatisches Speichern und Revisionsverwaltung</h4>
    <table class="form-table" style="width:50%;">
      <tr valign="top">
        <th scope="row">Tweak #10:</td>
        <td>AutoSave abschalten</td>
        <td>
          <input type="checkbox" name="tweak_disableAutoSave"
            value="1" <?php
            if (get_option('tweak_disableAutoSave')) {
              echo "checked";
            } ?> />
        </td>
      </tr>
    </table>
    <h4>Das Back-End erweitern und anpassen</h4>
    <table class="form-table">
      <tr valign="top">
        <th scope="row">Tweak #15:</th>
        <td>Fu&szlig;zeile im Back-End aktivieren</td>
        <td>
          <input type="checkbox" name="tweak_backEndFooter"
            value="1" <?php
            if (get_option('tweak_backEndFooter')) {
              echo "checked";
            } ?> />
        </td>
      </tr>
    </table>
    <h4>Zus&auml;tzliche Funktionen ohne PlugIns</h4>
    <?php
    //Erzeugen einer Kategorienliste zur leichteren Auswahl
    $cats = get_categories();
    $catList = 'Kategorien:<br/>';
```

```
      foreach ($cats as $cat) {
        $catList .= $cat->cat_name.' ['.$cat->term_id.']<br/>';
      }
    ?>
    <table class="form-table">
      <tr valign="top">
        <th scope="row">Tweak #29:</th>
        <td>Ausschlu&szlig;kategorien</td>
        <td><?php echo $catList; ?>
          <input type="text" name="tweak_showPostExcludeID"
            value="<?php
              echo get_option('tweak_showPostExcludeID');
            ?>" />
        </td>
      </tr>
    </table>
    <p class="submit">
      <input type="submit" class="button-primary"
          value="<?php _e('Save Changes') ?>" />
    </p>
  </form>
</div>
<?php
}
//Die Eingabefelder der Optionsseite registrieren
function registerTweaksSettings() {
  register_setting('tweakSetting', 'tweak_removeGenerator');
  register_setting('tweakSetting', 'tweak_removeWidgets');
  register_setting('tweakSetting', 'tweak_showQueries');
  register_setting('tweakSetting', 'tweak_excludeRobots');
  register_setting('tweakSetting', 'tweak_disableAutoSave');
  register_setting('tweakSetting', 'tweak_backEndFooter');
  register_setting('tweakSetting', 'tweak_showPostExcludeID');
}
?>
```

Danach müssen Sie die Datei *functions.php* anpassen, damit die Einstellungen auch gelesen und angewendet werden. Sie müssen natürlich nur jene Tweaks verändern, die auch in der Options-Seite dargestellt sind. Sie sehen hier nur den angepassten Quellcode, die restlichen Tweaks werden hier nicht angezeigt.

Im folgenden Code steht immer wieder der Befehl `get_option(...)`. Er ermittelt die eingestellte Option aus unserem neuen Bereich im Back-End. Da es sich bei diesen Einstellungen um Kontrollkästchen handelt, reicht es, zu prüfen, ob der Wert gesetzt ist.

```
...
/********************
 * Funktion:   META-Element 'wp_generator' aus dem head-Element entfernen
 * WordPress: alle
 * Styles:    ---
 * Wirkung:   Front-End > head-Element jeder Seite
 * Aufruf:    WordPress-Funktion
 *
 * Name:      ---
 * Parameter: ---
 * Rueckgabe: ---
 ********************/
if (get_option('tweak_removeGenerator')) {
  remove_action('wp_head', 'wp_generator');
}
/********************
 * Funktion:   Alle registrierten Widgets aus der
 *             Datenbank entfernen
 * WordPress: alle
 * Styles:    ---
 * Wirkung:   Front-End/Back-End
 * Aufruf:    WordPress-Funktion
 *
 * Name:      ---
 * Parameter: ---
 * Rueckgabe: ---
 ********************/
if (get_option('tweak_removeWidgets')) {
  update_option('sidebars_widgets', NULL);
}
...
//hier stehen andere Tweaks
...
//Query-Infos fuer Admins
if (get_option('tweak_showQueries')) {
  require_once 'includes/showQueries.php';
}
//SEO fuer Suchmaschinen (Duplicate Content)
if (get_option('tweak_showQueries')) {
  require_once 'includes/excludeRobots.php';
}
//AutoSave deaktivieren
if (get_option('tweak_disableAutoSave')) {
  require_once 'includes/disableAutoSave.php';
}
```

```
//MIME-Types hinzufuegen
require_once 'includes/boostMimeTypes.php';
//Fusszeile im Back-End anpassen
if (get_option('tweak_backEndFooter')) {
  require_once 'includes/backEndFooter.php';
}
...
//hier folgt der restliche Code von functions.php
```

Nun sind noch die Tweaks anzupassen. Denn Sie haben ja Optionen und Einstellungen auf der Seite festgelegt. Diese sollen natürlich auch verwendet werden. Bei der Header-Datei sieht das so aus: Nur wenn die Option gesetzt ist, soll der Tweak ausgeführt werden.

```
...
<?php
if (get_option('tweak_excludeRobots')) {excludeRobots();}
?>
...
```

Auch die Footer-Datei ist anzupassen.

```
...
<?php if (get_option('tweak_showQueries')) {showQueries();} ?>
...
```

Und auch den Loop müssen Sie ändern, um die Einstellungen für den Tweak #50 zu aktivieren.

```
...
<?php
  if (get_option('tweak_showPostExcludeID') != '') {
    query_posts('cat='.get_option('tweak_showPostExcludeID'));
  }
?>
...
```

So sieht es im Back-End aus:

Bild 4.12: Hier sehen Sie den neuen Menüpunkt in der Seitenleiste des Back-Ends.

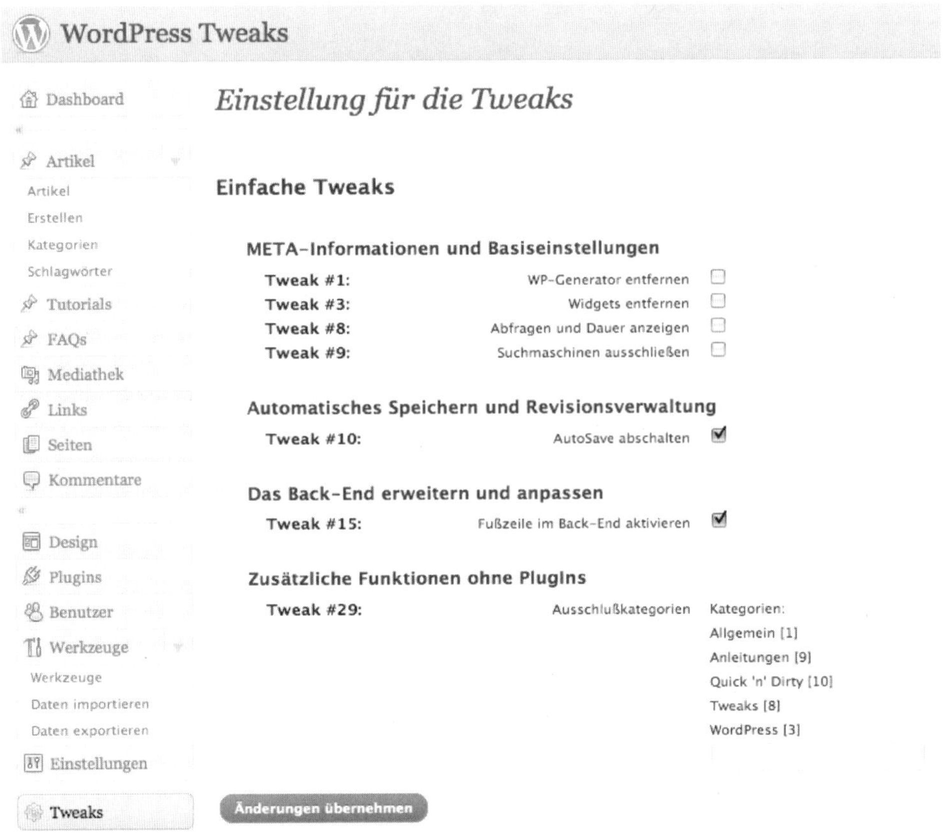

Bild 4.13: Die Optionsseite für den neuen Menüpunkt wurde über die Funktion `tweakSettings()` erstellt.

4.3.4 Tweak #130: Die Darstellung bzw. den Stil des Back-Ends verändern

Unterstützt von:

Aufgabe:

Sie wollen die Darstellung im Back-End, besonders die der neu erstellten Options-Seite, Ihrem Geschmack anpassen.

Gefahren:

keine

WordPress-Datei:

functions.php

Neue Dateien:

backEndAdminMenu_Styles.php

Dieser Tweak ist prinzipiell einfach gehalten. Da er aber den Tweak #129 als Voraussetzung benötigt, ist er in dieser Sektion angesiedelt. Auch ist es leider so, dass Sie nicht einfach das bestehende Stylesheet ändern oder ein neues erstellen können, um die Präsentation der Optionsseite anzupassen. Denn wir haben ja festgelegt, dass ein Update von WordPress unsere Tweaks nicht beeinflussen soll. Daher schreiben wir eine neue Funktion, die ein internes Stylesheet definiert, und binden dieses wie gewohnt in die Datei *functions.php* ein. Aber kümmern wir uns zuerst um die Stile, die wir in einer Funktion definieren. Am Ende rufen wir diese neue Funktion mit add_action() auf und aktivieren sie.

```
<?php
/*******************
 * Funktion:    Einen eigenen Stil fuer das Back-End definieren
 * WordPress:   alle
 * Styles:      keine
 * Wirkung:     Back-End > Darstellung
 * Aufruf:      Action
 *
 * Name:        backEndAdminMenu_Styles
 * Parameter:   ---
 * Rueckgabe:   ---
```

```php
********************/
function backEndAdminMenu_Styles() {
echo '<style type="text/css">'.
        'div#adminTweaks form h3, '.
        'div#adminTweaks form h4 {'.
            'margin-bottom: 0px;'.
            'padding-botoom: 0px;'.
        '}'.
        'div#adminTweaks form h3 { '.
            'font-size: 130%;'.
            'padding: 25px 0px 0px 0px;'.
        '}'.
        'div#adminTweaks form h4 {'.
            'font-size: 110%;'.
            'margin-left: 25px;'.
            'padding: 15px 0px 0px 0px;'.
        '}'.
        'div#adminTweaks form table {'.
            'margin-left: 40px;'.
            'width: 90%;'.
        '}'.
        'div#adminTweaks form tr, '.
        'div#adminTweaks form th, '.
        'div#adminTweaks form td {'.
            'height: 12px;'.
            'padding: 0px;'.
            'margin: 0px'.
        '}'.
        'div#adminTweaks form th {'.
            'width: 90px;'.
            'font-weight: bold;'.
        '}'.
        'div#adminTweaks form th + td {'.
            'width: 250px;'.
            'text-align: right;'.
            'padding-right: 15px;'.
        '}'.
        '</style>';
}
//Style aktivieren
add_action('admin_head', 'customStyles');
?>
```

4.3.5 Tweak #131:
Einen neuen Artikeltyp erzeugen, um Produkte vorzustellen oder zum Verkauf anzubieten

Unterstützt von:

Aufgabe:

Sie wollen einen eigenen Artikeltyp erstellen, der Bücher präsentiert. Und zwar sollen der Buchtitel, eine kurze Beschreibung des Inhalts, die URL zur Bestellung und der Preis angezeigt werden. Dazu benötigen Sie keinen Artikeltext, sondern benutzerdefinierte Felder. Diese Felder wollen Sie aber nicht immer wieder neu anlegen.

Gefahren:

keine

WordPress-Datei:

functions.php

styles.php

Neue Dateien:

createCustomPost_Books.php

Dieser Tweak ist fast schon ein eigenes Modul. Er ist so lang und komplex, dass ich ihn in einer Datei zusammengefasst habe, er aber trotzdem aus einigen Funktionen für das Back- und Front-End besteht. Wir werden uns jetzt die einzelnen Funktionen ansehen.

Als erstes legen Sie einen eigenen Artikeltyp für die Bücher an. Das Verfahren ist bereits im Tweak #116 beschrieben worden.

```
<?php
/*******************
* Funktion:    Eine neuen Post-Type erstellen und fuer die Liste
*              der verkaeuflichen Buecher benutzen
* WordPress:   ab 3.0
* Styles:      keine
* Wirkung:     Back-End > eigener Menuepunkt
*              Front-End > eigener Posttyp
* Aufruf:      Filter/Action
*
```

```
 * Name:       verschiedene Funktionen
 * Parameter:  ---
 * Rueckgabe: direkt, Filter, Action, Datenbank
 *********************/
/*********************
 * Funktion:  Neuen Post-Type erstellen
 * WordPress: ab 3.0
 * Styles:    keine
 * Wirkung:   Back-End > eigener Menuepunkt
 * Aufruf:    Action
 *
 * Name:      createPostBook
 * Parameter: ---
 * Rueckgabe: ---
 *********************/
function createPostBook() {
  //Labels für neuen Post-Type
  $plr = 'Bücher';
  $sng = 'Buch';
  $lbls = array(
            'name' => _x($plr, 'Name der '.$plr),
            'singular_name' => _x($sng, 'Name des '.$sng.'s'),
            'add_new' => _x('Erstellen', $sng),
            'add_new_item' => __($sng.' erstellen'),
            'edit_item' => __($sng.' bearbeiten'),
            'new_item' => __('Neues '.$sng),
            'view_item' => __($sng.' anzeigen'),
            'search_items' => __('Suche '.$plr),
            'not_found' =>  __('Kein '.$sng.' gefunden'),
            'not_found_in_trash' => __('Keine '.$plr.
                                       ' im Papierkorb '.
                                       'gefunden'),
            'parent_item_colon' => ''
         );
  //Argument fuer neuen Post-Type
  $args = array(
              'labels' => $lbls,
              'singular_label' => 'Bücher',
              'public' => true,
              'show_ui' => true,
              'capability_type' => 'post',
              'hierarchical' => false,
              'rewrite' => true,
              'supports' => array('title')
           );
```

```
    //Neuen Typ registrieren
    register_post_type('book' ,$args);
}
```

Als Nächstes benötigen Sie eine Funktion namens addBook(), um Zusatzinfos, eine sogenannte Meta-Box, erstellen zu können. Danach legen Sie eine weitere Funktion bookOptions() für die Anzeige der Meta-Box als HTML-Formular an.

```
/*******************
 * Funktion:   Zusatzinfos fuer das Buch
 * WordPress:  ab 3.0
 * Styles:     keine
 * Wirkung:    Back-End > Erstellen
 * Aufruf:     Action
 *
 * Name:       addBook
 * Parameter:  ---
 * Rueckgabe:  ---
 *******************/
function addBook() {
    //Zusaetzliche Meta-Infos zum Buch
    add_meta_box('bookDetails', 'Informationen',
                 'bookOptions', 'book', 'normal', 'low');
}
/*******************
 * Funktion:   Eingabeformular fuer die Zusatzinfos
 * WordPress:  ab 3.0
 * Styles:     inline
 * Wirkung:    Back-End > Meta-Box/Formular
 * Aufruf:     Action
 *
 * Name:       bookOptions
 * Parameter:  ---
 * Rueckgabe: Formular mit Daten
 *******************/
function bookOptions() {
    //Post aktivieren
    global $post;
    //eigenen Post-Typ aktivieren
    $custom = get_post_custom($post->ID);
    //Kurzinfo
    $bookInfo = $custom['bookInfo'][0];
    //Bestell-Link
    $bookURL = $custom['bookURL'][0];
    //Link-Titel
    $bookURLTitle = $custom['bookURLTitle'][0];
```

```
  //Buch-Preis
  $bookPrice = $custom['bookPrice'][0];
  //Folgend: HTML-Code fuer die Felder
?>
 <style type="text/css">
   div#bookOptions label {
      display: inline-block;
      width: 70px;
   }
 </style>
 <div id="bookOptions">
 <label>Kurzinfo:</label>
 <input size="80" name="bookInfo" value="
   <?php echo $bookInfo; ?>" /><br>
 <label>Bestell-Link:</label>
 <input size="80" name="bookURL" value="
   <?php echo $bookURL; ?>" /><br>
 <label>Linkname:</label>
 <input size="30" name="bookURLTitle" value="
   <?php echo $bookURLTitle; ?>" /><br>
 <label>Preis:</label>
 <input size="10" name="bookPrice" value="
   <?php echo $bookPrice; ?>" /><br>
 </div>
<?php
 }
```

Nun folgt die Funktion `updateBookOptions()`, um die Eingaben der Zusatzinfos zu speichern.

```
/*********************
 * Funktion:   Zusatzinfos speichern
 * WordPress:  ab 3.0
 * Styles:     keine
 * Wirkung:    Back-End > Datenbank
 * Aufruf:     Action
 *
 * Name:       updateBookOptions
 * Parameter:  ---
 * Rueckgabe:  ---
 *********************/
function updateBookOptions() {
  //Post aktivieren
  global $post;
  //Kurzinfo
  update_post_meta($post->ID,
```

```
                          'bookInfo', $_POST['bookInfo']);
  //Bestell-URL
  update_post_meta($post->ID,
                    'bookURL', $_POST['bookURL']);
  //Bestell-URL-Name
  update_post_meta($post->ID,
                    'bookURLTitle', $_POST['bookURLTitle']);
  //Buchpreis
  update_post_meta($post->ID,
                    'bookPrice', $_POST['bookPrice']);
}
```

Nun brauchen Sie noch eine Möglichkeit, die erstellten Bücher in einer Liste im Back-End anzuzeigen. Dies ist praktisch, da man es von den Artikeln ja auch so gewohnt ist. Diesmal lassen Sie sich nicht mehr die üblichen Artikelinformationen anzeigen, sondern den Titel, die Kurzinfos, den Preis und den Bestell-Link des Buches. Die erste Funktion `bookTable()` kümmert sich um die Zusammensetzung der Liste. Die zweite Funktion `bookColumns()` kümmert sich um die Inhalte der einzelnen Spalten.

```
/*********************
 * Funktion:   Liste der Buecher fuer das Back-End
 * WordPress:  ab 3.0
 * Styles:     keine
 * Wirkung:    Back-End > Liste
 * Aufruf:     Filter (eigenen definiert!!)
 *
 * Name:       bookTable
 * Parameter: ---
 * Rueckgabe:  Liste im Back-End
 *********************/
function bookTable($columns) {
  $columns = array('cb' => '<input type=\'checkbox\' />',
                   'title' => 'Buchtitel',
                   'bookInfo' => 'Kurzinfo',
                   'bookURL' => 'Bestell-Link',
                   'bookPrice' => 'Preis',
                   'author' => 'Autor'
                   );
  //Spalten zurueckgeben
  return $columns;
}
/*********************
 * Funktion:   Anzeige der Spalteninhalte in der
 *             Liste des Back-Ends
 * WordPress:  ab 3.0
 * Styles:     keine
```

```
 * Wirkung:    Back-End > Liste
 * Aufruf:     Action
 *
 * Name:       bookColumns
 * Parameter:  ---
 * Rueckgabe:  Spalteninhalt im Back-End
 ********************/
function bookColumns($column){
  //Post aktivieren
  global $post;
  //Spalte auswaehlen und Ausgabe der Daten
  switch ($column) {
    case 'bookInfo':
      $custom = get_post_custom();
      echo $custom['bookInfo'][0];
      break;
    case 'bookURL':
      $custom = get_post_custom();
      echo '<a href="'.$custom['bookURL'][0].
           '" target="_blank">'.
           $custom['bookURLTitle'][0].'</a>';
      break;
    case 'bookPrice':
      $custom = get_post_custom();
      echo $custom['bookPrice'][0];
      break;
  }
}
```

Damit sind alle Funktionen für das Back-End erstellt. Die Funktion `showPostBooks()` ist für die Ausgabe der Bücher im Front-End zuständig, wie Sie es bereits im Tweak #117 kennengelernt haben.

```
/********************
 * Funktion:    Buecher im Front-End anzeigen
 * WordPress:   ab 3.0
 * Styles:      keine
 * Wirkung:     Front-End > eigener Loop
 * Aufruf:      direkt
 *
 * Name:        showPostBooks
 * Parameter:   ---
 * Rueckgabe:   direkte Ausgabe des Resultats
 ********************/
function showPostBooks() {
  //Header des neuen Widgets
```

```
    $wgt = '<div id="the_books" class="post"><h3>'.
        'B&uuml;cher</h3><div class="postContent">';
    //zusaetzliche Abfrage fuer die Buecher
    $qryBooks = new WP_Query('post_type=book'.
                             '&post_status=publish');
    //zusaetzlicher Loop fuer die Buecher
    if ($qryBooks->have_posts()) {
      while ($qryBooks->have_posts()) {
        //Buch aktivieren
        $qryBooks->the_post();
        //neue Felder holen
        $custom = get_post_custom();
        //Titel erstellen
        $wgt .= '<p><span class="bookTitle"><a href="'.
                $custom['bookURL'][0].'" rel="nofollow">'.
                the_title('', '', false).'</a></span><br/>'.
                '<span class="bookInfo">'.$custom['bookInfo'][0].
                '<br/>Preis: '.$custom['bookPrice'][0].'<br/>'.
                'direkt bestellen bei <a href="'.
                $custom['bookURL'][0].'" rel="nofollow">'.
                $custom['bookURLTitle'][0].'</a></span></p>';
      }
    } else {
      //Falls keine Buecher gefunden wurden, Hinweis ausgeben
      $wgt .= '<p>Momentan sind keine Buecher vorhanden!</p>';
    }
    //Fusszeile des Widgets
    $wgt .= '</div><div class="postFooter"> </div></div>';
    //Widget ausgeben
    echo $wgt;
}
```

Damit all die Funktionen auch aktiv in WordPress eingreifen und die Bücher erfasst, verwaltet und bestellt werden können, müssen Sie nun noch alle Funktionen als Action bzw. Filter aktivieren.

```
/********************
 * Alle Aktionen und Filter fuer die Buecher
 ********************/
//Action fuer den benutzerdefinierten Post-Typ hinzufuegen
add_action('init', 'createPostBook');
//Action fuer die Zusatzinfos hinzufuegen
add_action('admin_init', 'addBook');
//Action fuer das Speichern der Zusatzinfos hinzufuegen
add_action('save_post', 'updateBookOptions');
//Filter fuer die Buecherliste im Back-End aktivieren
```

Kapitel 4: Komplexe Tweaks

```
add_filter('manage_edit-book_columns', 'bookTable');
//Action um die Spalten der Buecherliste im Back-End auszugeben
add_action('manage_posts_custom_column', 'bookColumns');
?>
```

Für die Darstellung der Bücherliste können Sie, wie hier gezeigt, einfache CSS-Klassen erstellen.

```
span.bookTitle {
  margin-left: 15px;
  display: inline-block;
}
span.bookInfo {
  margin-left: 40px;
  display: block;
}
```

Die Ausgabe der Bücherliste erfolgt mit einem einfachen Aufruf eines eigenen Loops in einem beliebigen Template Ihres Themes.

```
...
//eigene Buecher anzeigen
showPostBooks();
...
```

So sieht es im Back-End aus:

Bild 4.14: Das neue Menü für die Verwaltung der Bücher im Back-End.

Bild 4.15: Die Neuanlage oder das Bearbeiten der Informationen zu einem Buch ist ungewöhnlich, da der normale Artikeltext fehlt. Dafür sind die benutzerdefinierten Felder bereits vorgegeben und müssen nur mehr ausgefüllt werden.

Bild 4.16: Auch die Liste der Bücher unterscheidet sich von der normalen Artikelliste, denn es werden nur die wesentlichen Daten und Zusatzinfos angezeigt.

So sieht es im Front-End aus:

Bild 4.17: Im Front-End präsentieren sich die neu angelegten Bücher in einem eigenen Widget und als Liste.

5 Grundlegende Begriffe

5.1 Der Loop

Der Loop wird von WordPress zum Anzeigen der einzelnen Artikel bzw. Kommentare verwendet. Die Anwendung verarbeitet jeden einzelnen Artikel, der auf der aktuellen Seite erscheinen soll. Der Post wird entsprechend den Kriterien der Tags innerhalb des Loops formatiert. Das bedeutet aber auch, dass jeder HTML oder PHP-Code innerhalb des Artikels auch wiederholt dargestellt bzw. ausgeführt wird. Wollen Sie zum Beispiel am Ende jedes Artikels ein Inserat einblenden, so muss der entsprechende Code dafür innerhalb des Loops geschrieben werden.

Der Loop wird mittels PHP als Schleife realisiert. Der Anfang des Loops sieht wie folgt aus:

```
...
<?php if ( have_posts() ): while ( have_posts() ): the_post(); ?>
...
```

Nach dem Beginn der Schleife folgt dann der eigentliche Code, um die Posts zu verarbeiten und anzuzeigen. Das Ende schließt die Schleife und gibt unter Umständen eine Meldung aus, dass keine Posts gefunden wurden.

```
...
<?php endwhile; else: ?>
<p>Leider wurden keine passenden Artikel gefunden.</p>
<?php endif; ?>
...
```

Der Loop läuft nach einem festgelegten Schema ab. Zuerst überprüft WordPress, ob alle notwendigen Dateien vorhanden sind. Danach werden die Standardeinstellungen aus der Datenbank geholt. Dies sind beispielsweise die Anzahl der anzuzeigenden Posts, ob Kommentare erlaubt sind und Ähnliches. Wenn diese Daten verarbeitet wurden, überprüft WordPress die Anfrage des Benutzers. Damit kann die Anwendung feststellen, welche Artikel von der Datenbank geladen und angezeigt werden sollen.

Hat der Benutzer keinen bestimmten Artikel, keine Kategorie oder keine bestimmte Seite angefordert, so verwendet die Applikation die am Anfang ermittelten Standardwerte, um festzulegen, welche Posts für den Anwender zusammengestellt werden sollen. Haben wir im Back-End festgelegt, dass nur zehn Artikel angezeigt werden sollen, so ermittelt WordPress die zehn aktuellsten Artikel, also genau die mit dem jüngsten Datum, aus der Datenbank.

Sobald diese Schritte erledigt sind, verbindet sich die Anwendung mit der Datenbank, holt sich die notwendigen Informationen und speichert sie in einer Variablen. Der Loop greift in der Folge auf diese Variable zu und verwendet die gespeicherten Werte, um sie in unserem Template anzuzeigen.

Wenn der Leser unseren Blog aufruft, hat er keine speziellen Informationen angefordert. In diesem Fall benutzt WordPress automatisch die Datei *index.php*, um alles anzuzeigen.

5.2 Sidebars

Dieser Bereich des Blogs kann links oder rechts vom eigentlichen Inhalt, also den Artikeln, stehen. Je nach Template können entweder eine oder auch zwei Sidebars vorhanden sein.

Diese Bereiche des Blogs dienen der schnelleren bzw. besseren Navigation für den Leser. Sie sind auch nützlich, um Zusatzinformationen anzuzeigen. So findet sich dort oft eine Liste der verwendeten Kategorien oder Tags, eine Liste der beliebtesten Artikel oder auch Inserate, Werbung oder ähnliches.

5.3 Aufbau eines Themes

WordPress arbeitet prinzipiell mit Templates und versucht automatisch, die richtige Datei zu ermitteln. Dazu verwendet das System eine ausgeklügelte Hierarchie, um die meisten Situationen flexibel abzudecken.

In der Folge sehen Sie diese Hierarchie für die Version 2.8, 2.9 und 3.0. Als Überschrift ist die jeweilige Aktion dargestellt, zum Beispiel *Home* für den Aufruf der Startseite oder *Einzelansicht* für die Darstellung eines einzelnen Artikels. In der Zeile darunter sind alle möglichen Dateien des Themas dargestellt. Es können, müssen aber nicht, alle in Ihren Thema vorhanden sein. Als Beispiel für *Home* sucht WordPress zuerst eine Datei mit dem Namen *front-page.php*, findet es diese nicht, wird nach *home.php* gesucht. Ist auch diese Datei nicht vorhanden, wird das Template mit dem Namen *index.php* verarbeitet.

Sind in Dateinamen Werte mit eckigen Klammern angegeben, so sind diese durch einen Wert von WordPress zu ersetzen. Beispielsweise wird bei *page-[id].php* der Term *[id]* durch die echte Nummer der Seite, wie sie in der Datenbank gespeichert ist, ersetzt. Klickt der Leser auf die Seite mit der ID 2, so wird WordPress nach einer Datei *page-2.php* suchen.

5.3.1 Die Hierarchie der Templates in der Version 3.0

Home
front-page.php ⇨ *home.php* ⇨ *index.php*

Einzelansicht
single-[post-type].php ⇨ *single.php* ⇨ *index.php*

Seitenansicht
[pagename].php ⇨ *page-[slug].php* ⇨ *page-[id].php* ⇨ *page.php* ⇨ *index.php*

Suchen
search.php ⇨ *index.php*

Archiv
archive.php ⇨ *index.php*

Kategorie
category-[slug].php ⇨ *category-[id].php* ⇨ *category.php* ⇨ *archive.php* ⇨ *index.php*

Tag
tag-[slug].php ⇨ *tag-[id].php* ⇨ *tag.php* ⇨ *archive.php* ⇨ *index.php*

Taxonomie
taxonomy-[tax]-[term].php ⇨ *taxonomy-[term].php* ⇨ *taxonomy.php* ⇨ *archive.php* ⇨ *index.php*

Autor
author-[nicename].php ⇨ *author-[id].php* ⇨ *author.php* ⇨ *archive.php* ⇨ *index.php*

Datum
date.php ⇨ *archive.php* ⇨ *index.php*

Anhang
[mime-type].php ⇨ *attachment.php* ⇨ *single.php* ⇨ *index.php*

Fehler 404
404.php ⇨ *index.php*

5.3.2 Die Hierarchie der Templates in der Version 2.9

Home
home.php ⇨ *index.php*

Einzelansicht
single.php ⇨ *index.php*

Seitenansicht
[pagename].php ⇨ *page-[slug].php* ⇨ *page-[id].php* ⇨ *page.php* ⇨ *index.php*

Suchen
search.php ⇨ index.php

Archiv
archive.php ⇨ index.php

Kategorie
category-[slug].php ⇨ category-[id].php ⇨ category.php ⇨ archive.php ⇨ index.php

Tag
tag-[slug].php ⇨ tag-[id].php ⇨ tag.php ⇨ archive.php ⇨ index.php

Autor
author.php ⇨ archive.php ⇨ index.php

Datum
date.php ⇨ archive.php ⇨ index.php

Anhang
[mime-type].php ⇨ attachment.php ⇨ single.php ⇨ index.php

Fehler 404
404.php ⇨ index.php

5.3.3 Die Hierarchie der Templates in Version 2.8

Home
home.php ⇨ index.php

Einzelansicht
single.php ⇨ index.php

Seitenansicht
[pagename].php ⇨ page.php ⇨ index.php

Suchen
search.php ⇨ index.php

Archiv
archive.php ⇨ index.php

Kategorie
category-[id].php ⇨ category.php ⇨ archive.php ⇨ index.php

Tag
tag-[slug].php ⇨ tag.php ⇨ archive.php ⇨ index.php

Autor
author.php ⇨ archive.php ⇨ index.php

Datum
   date.php ⇨ archive.php ⇨ index.php

Anhang
   [mime-type].php ⇨ attachment.php ⇨ single.php ⇨ index.php

Fehler 404
   404.php ⇨ index.php

5.4 Der Aufbau eines Templates

Am Schema der Startseite ist ein Template aus mehreren einzelnen PHP-Dateien aufgebaut, wie es in der folgenden Abbildung dargestellt ist. Zusätzlich sehen Sie in der Abbildung die verwendeten HTML-Elemente.

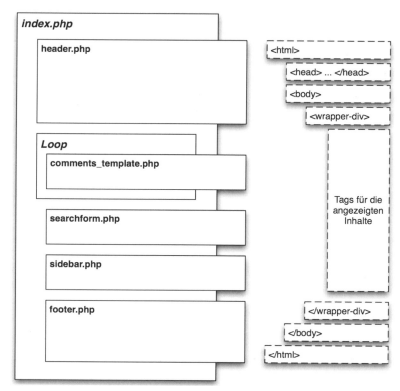

Bild 5.1: Schematischer Aufbau eines WordPress-Templates

In WordPress-3.0-Themen wird der Loop in eine eigene Datei mit dem Namen *loop.php* ausgelagert.

Stichwortverzeichnis

$
$dateiname 143
$message 83

A
Änderungsdatum 55
Ansicht
  Artikel 50
  HTML 48, 49
Archiv 46, 54
Artikel 54
  Ansicht 50
  Auslassungszeichen 47
  Auszug 46, 47
  hervorheben 45
  Loop 21, 98
  Revision 55
Attribut
  rel 35, 36, 38
Auslassungszeichen 47
Auszug 46
Automatisch
  Hyperlink 52

B
Bemerkungen 20
Berechtigung
  Datei 33
  Verzeichnis 33
Bilder
  hochladen 54
Blockoperator 24
body-Element 40

C
Cache 40
Callback 270
comments.php 61
Conditional-Tag
  have_posts() 62
Content
  doppelter 27
Core-Dateien 17
CSS 40, 42
  Klasse 45
  style.css 18

D
Datei
  comments.php 61
  CSS 42
  functions.php 53
  index.php 55
  Konfiguration 6, 17
  neueDatei.php 55
  PlugIn 143
  search.php 61
  sidebar.php 63
  style.css 45
Dateiberechtigung 33
Dateien, Core 17
Datenbank 29
  optimieren 30
  reparieren 30
Datum
  Änderung 55
Doppelter Content 27

E

EditURI 35
Element
  meta 34
Element
  body 40
  head 34, 35, 36, 38, 39, 226
  link 35, 36, 38
  meta 39
expires 106

F

Fehler
  fehlende Funktion 23
  Funktion undefiniert 23
  Header-Information 23
  Klammer 25
  Punkt 25
  Semikolon 24
  Stringverkettung 25
  Syntax 24, 25
  zuwenig Speicher 32
Feld
  benutzerdefiniertes 70
  expires 106
  header 70
Filter 70
function_exists() 64
functions.php 19, 24, 53
Funktion
  eigene 19, 24
  functions.php 19, 24
  PlugIn 143
  undefinierte 23
  vorhandene 64

G

Gravatar 151

H

Hauptspeicher
  zu wenig 32
have_posts() 62

head-Element 34, 35, 36, 38, 39, 226
Header
  fehlerhaft 23
header.php 19
height 162
Hervorheben
  Artikel 45
  Post 45
HTML 48
  Ansicht 49
Hyperlink 52

I

in_category() 44
index 38
index.php 55

K

Kategorie 44
Kommentar 52, 183
  Loop 270
Konfigurationsdatei 6, 17
  wp-config.php 17
Kopfdaten
  header.php 19
Kopfzeile 141

L

link-Element 35, 36, 38
Loop
  Artikel 21, 98
  Kommentar 270

M

menu_position 243
meta-Element 34, 39
more-Tag 48, 50

N

neueDatei.php 55

O

Oktalzahl 33

P
Parameter
 height 162
 menu_position 243
 src 162
 width 162
PHP
 Bemerkungen 20
 function_exists() 64
 Variable 27
PingBack 271
PlugIn 143
 Datei 143
Post 55
 Auslassungszeichen 47
 Auszug 46, 47
 hervorheben 45
 Metainformationen 57
 Revision 55

R
Rechte
 Dateisystem 33
rel-Attribut 35, 36, 38
Reparatur
 Datenbank 30
Revision 55
Routine
 Callback 270

S
search.php 61
Seite 54
Seitenleiste 63, 183, 193, 194
 Widget 28
Semikolon 24
ShortCode 83
 gesperrt 164
 gMap 162
sidebar.php 63
Speicher 32
Speicherlimit 32
src 162

Startseite 54
style.css 18, 45
StyleSheet 42
 style.css 18
Suche 54
 Ergebnisse 61
Syntaxfehler
 Klammer 25
 Punkt 25
 Semikolon 24
 Stringverkettung 25

T
Tag
 more 48, 50
the_ID() 45
Thema
 header.php 19
 Stile 18
 Stylesheet 18
TrackBack 271
Tweak
 Alle Einträge, welche auf Feeds verweisen, im Kopf der Webseite unterdrücken 39
 Bestimmte Informationen nur auf der Startseite anzeigen 54
 Das letzte Änderungsdatum bei einem Post anzeigen 55
 Den Browser des Benutzers erkennen und eine passende CSS-Klasse im body-Tag einfügen 40
 Den Eintrag für das Element link mit dem Attribut rel='index' im Kopf der Webseite unterdrücken 38
 Den Eintrag für das Windows Live Writer Manifest im Kopf der Webseite unterdrücken 36
 Den Eintrag für den Generator im Kopf der Webseite unterdrücken 34
 Den Eintrag für den Really Simple Directory im Kopf der Webseite unterdrücken 35
 Den Text des more-Tags für das gesamte Blog anpassen 50

Den Text des more-Tags manuell verändern 48
Die Auslassungszeichen beim Auszug eines Posts verändern 47
Die CSS-Datei je nach Jahreszeit automatisch ändern 42
Die Datenbank von WordPress automatisch reparieren 29
Die Fehlermeldung über zu wenig Speicher beheben 32
Die Länge des Auszugs eines Artikels (die Kurzversion) verändern 46
Die Zugriffsberechtigungen im Dateisystem anpassen 33
Ein Blog mit denselben Inhalten mit verschiedenen Domänennamen verwenden 27
Eine besondere Formatierung für Artikel einer bestimmten Kategorie erstellen 44
Einen einzelnen Post hervorheben 45
Entfernen der automatischen Hyperlinks in Kommentaren 52
Verwaiste Widgets entfernen bzw. reaktivieren 28

U
Undefinierte Funktion 23
URL 162

V
Variable

$dateiname 143
$message 83
superglobal 27
Verzeichnis
 images 141
Verzeichnisberechtigung 33

W
Widget 28, 194
width 162
wlwmanifest.xml 36
WordPress
 Archiv 54
 Datenbank 29
 Datenbank optimieren 30
 Datenbank reparieren 30
 Editor 49
 Filter 70
 generator 34
 have_posts() 62
 in_category() 44
 more 48, 50
 Startseite 54
 Suche 54
 the_ID() 45
 Versionsnummer 34
wp-config.php 17

Z
Zugriffsberechtigung 33